은빛 매화 결따라 흐르다

창간호 대한시문학협회 시선집

은빛 매화
결따라 흐르다

은결 **유정미** 시집

순백의 미와 선홍빛 가르는 숭고의 미는 바로 인간이 세상에 주는 사랑의 마음

대한시문학협회

| 저자의 글 |

사랑하는 독자 여러분

매서운 겨울이 아지랑이 봄바람에 자취를 감추고
봄 향기가 빗방울에 스며드는 날에 창가에 떨어지는 빗소리에 귀를 기울입니다.

고요한 듯하지만 깊은 울림을 남기는 빗방울 소리가, 인간의 정서, 감정과 닮아 있음을 인식하게 됩니다.

저는 평생 교육, 선교, 언론, 문화, 봉사에 몸담고 살았습니다. 시곗바늘을 한시도 멈추지 않고 줄기차게 껌처럼 붙어서 앞만 보고 달리고 또 달렸습니다.

그런 저에게 고국에서 맞이하는 금년은 봄바람에 살랑거리며 흔들리는 순백의 매화 한 송이를 검은 눈동자에 담았습니다. 혹독한 추위를 견디고 피어난 고결한 아름다움에서, 우리 삶의 순간들도 저마다의 영롱한 꽃을 피운다는 것을 떠올렸습니다.

이 시집은 제 마음속에서 자라난 시 조각들을 한 편 한 편 모아 엮은 것입니다. 때로는 빗방울처럼 조용히 스며든 감정을, 때로는 한 떨기 매화처럼 고요하지만, 강인한 삶의 순간을 담아내고 있습니다.

마치 자연의 흐름을 따라가는 여정과도 같았습니다. 초록 새싹이 돋고, 붉은 꽃이 피고, 탐스러운 열매를 맺고, 노을을 입은 낙엽처럼 계절 속에서 삶의 의미를 되새겼습니다.

일상의 소소한 순간들, 잊히지 않는 기억들, 현시대의 정치적인 면과 시사적인 면, 사랑, 죽음 그리고 형용할 수 없는 내면의 그림자와 삶의 발자취를 시어로 캐내려고 했습니다.

그러한 마음의 울림과 삶의 조각들을 담은 시의 보석함이라고 볼 수가 있습니다. 삶 속에서 기쁨과 슬픔, 그리움과 희망이 교차하는 순간들을 시어로 수놓았습니다. 시를 사랑하는 독자들께서는 이 시들을 감상하면서, 자신의 감정과 조용히 마주할 수 있기를 바랍니다. 그리고 각자의 삶 속에서 또 다른 울림과 아름다운 시향을 피워 가길 바랍니다.

이 세상에 두 손 모아 시집을 올려놓습니다. 좋은 시평(詩評)과 헌시(獻詩)해 주신 문인들께 이 지면을 통해 감사의 마음을 전합니다.

2025년 5월
은결 유정미

차례

저자의 글 ········ 4

1부 숨결
한 떨기 매화 ········ 13
빗방울의 울림 ········ 14
별의 사랑 ········ 15
달빛을 먹은 숲길 ········ 16
매화처럼 ········ 17
서귀포의 유채꽃 ········ 19
가파도의 바람 ········ 20
모란 ········ 21
눈꽃 사랑 ········ 22
소나기 눈꽃 ········ 23
하얀 세상 ········ 24
설화 ········ 25
한라산 천백 고지의 설경 ········ 26
열정을 품은 동백꽃 ········ 27
봄이 안긴다 ········ 28
봄의 향기 ········ 29
봄의 향연 ········ 30
진달래꽃 ········ 31
싱그러운 아침 ········ 32
봄빛을 먹은 개나리꽃 ········ 34
섬진강 벚꽃 ········ 35
봄비 ········ 36
산수유 한우 축제 ········ 37
춤추는 바다 ········ 38
여름날의 속삭임 ········ 40
비야 ········ 41
억새도 몸부림 ········ 42
가을비 ········ 43
단양 ········ 44
임의 사랑 ········ 45

이것이 사랑 아닐까 ········ 46
사랑의 정표(情表) ········ 48
신의(信義) ········ 49
어여쁜 사랑 ········ 50
사랑 ········ 51
기다림 ········ 52
우리는 하나 ········ 53
미소의 성 ········ 54
믿음 ········ 55
사랑의 빛 ········ 56
부귀화 ········ 57

2부 혼결
달 항아리 ········ 61
살 만한 세상 ········ 62
괴물 산불 ········ 63
새로운 품에서 ········ 64
피겨 여왕, 김연아 ········ 65
해가 피는 세상 ········ 66
물결치는 흑진주 땅 ········ 68
프람프람 강가에서 ········ 69
아코솜보 강가에서 ········ 70
아다 강가에서 ········ 72
출렁이는 물놀이 ········ 73
설익은 낮잠 ········ 74
흑진주 땅의 비 ········ 75
북한산 봄, 가나를 품다 ········ 76
영국 유학 중에 ········ 77
숨 쉬는 울릉도 ········ 78
독도 ········ 80
파란 눈물을 흘리고 또 흘린다. ········ 80
센트럴파크 ········ 81
설익은 봄빛(미시간) ········ 82
시카고 ········ 84
알렌, 빛을 발하리라 ········ 86

제69회 헌병의 날 기념행사 ········ 88
검은 진주의 배반 ········ 89
내가 친히 보살피리라 ········ 92
또 다른 도전 ········ 94
그래도 가야 할 길 ········ 97
지혜로운 포기 ········ 100
빛을 감은 눈동자 ········ 102
군중심리 ········ 104
승리의 깃발은 ········ 106
아! 만남이여 ········ 108
오물이 오물을 ········ 109
평화의 광장 ········ 111

3부 은결
사랑이 익으면 ········ 115
승화 ········ 116
임의 슬픔 ········ 117
바다 같은 사랑 ········ 118
찬란한 눈물 ········ 120
고독 ········ 121
모서리 질주 ········ 122
등신(等神) ········ 123
절제된 햇살 ········ 124
눈꽃 미소 ········ 126
떨어진 꿈 ········ 127
일어나렴 ········ 128
손과 손을 ········ 130
산촌 ········ 131
아뜨리애 갤러리에서 ········ 132
뒹구는 삶 ········ 133
노숙자의 비애 ········ 134
문뜩 ········ 135
침묵하는 자의 고통 ········ 136
얄팍한 상술 ········ 138
참다운 삶 ········ 139

열매 맺은 삶 ········ 140
추억의 한 자락(고려대 강의실에서) ········ 141
시 한 수 ········ 142
딴짓쟁이 ········ 143
설날 ········ 144
나의 어머니 ········ 146
보낼 수밖에 ········ 148
갈 곳 잃은 자 ········ 150
슬픔의 눈빛 ········ 152
서러운 분쟁 ········ 153
그림자 없는 펜대 ········ 154
삶의 여정 ········ 156
낮을 밤이라 ········ 157
자유의지(自由意志) ········ 158
새벽별은 알고 있으리 ········ 159
이리 아플까 ········ 160
잠은 방랑자 ········ 161
그 밤에 ········ 162
인생 ········ 163
역시 시인이구나 ········ 164
황사 입은 크리스마스 ········ 166
벗어나고파 ········ 167
미혹 ········ 168
불안 ········ 169
시련(試鍊) ········ 170
심연의 고통 ········ 171
코로나19 ········ 172
찬란한 눈물 ········ 174
님은 어디에 ········ 175

단평/축하의 글/축시 ········ 176
은결 유정미 시인 프로필 ········ 197

1부
숨결

한 떨기 매화

눈 속에 핀 한 떨기 매화
고독감에
외로움에
눈물이 고드름 되어
매화 끝에 매달려 있다

차가운 눈빛에 갇혀
더 처연해
울음을 터뜨린 한 떨기 매화
그 붉디붉은 피로 물들어
노을에 잠긴다

하얀 이불 삼아
마음을 토닥이지만
그 냉랭함이
도저히 따스한 봄빛을 감당 못해
깊게 파인 검은 밤에
매화는 석양을 토해낸다.

빗방울의 울림

푸른 하늘을 멀리 밀어내고
나도 꽃들에
나도 나무들에
생명의 줄기를 주려고 해
찬란한 햇살만 보고 웃지 말고
들풀에 뒹구는 빗방울의 울림도
마음에 담으렴
거센 바람에 스치는 빗방울도
아픔을 느낀단다
빗방울을 밟고
또 밟아도
고통의 울음을 터뜨리지 않아
그 눈물이 흐르는 날에
꽃과 나무들이
웃으면서 자라고 있단다
너도 빗방울의 울림을
마음에 담아 보렴.

별의 사랑

하늘에 별은 꽃처럼 아름답고
땅에 꽃은 별처럼 빛이 난다
무수히 많은 별 중에
어느 날 별 하나가 땅에 떨어져
꽃잎에 속삭인다
별은 꽃을 더 빛나게 물들이니
그 아름다움에 눈이 부시다.

천상의 곡조가 울리는 듯
신의 선물인가
땅의 보배인가
32계절이 옷 갈아입은 동안
별은 꽃을 향해 노을처럼
사랑을 담고 또 담았다.

맑은 햇살에 그을린 별은
보름달의 광채를 버리고
오직 꽃과의 사랑을 애창(愛唱)하며
꽃물에 젖어
저 하늘을 잊어버린다.

달빛을 먹은 숲길

어둠이 깊을수록
달은 더욱 영롱한 빛을 담고
가난한 나무들은
달빛을 삼키며 긴 숨을 토해낸다

늘씬한 다리를 뻗은 자작나무는
그리운 님을 위해 숲을 곱게 다듬고
꽃들은 살며시 치마폭을 모으며
달빛을 가득 품는다

나뭇잎은 별을 매달고
가는 님의 흔적을 품어 안으며
정다운 입김에 깨어난 풀들이
오늘도 달빛을 먹은 숲길을 걷는다.

매화처럼

풀잎에 떨어지는 햇살은
콘크리트 길바닥에도
달동네 오두막집에도
시험에 빨간 줄 긋는 소년에게도
갈림길에서 멈춘 여인에게도
골고루 따스한 햇볕으로
감싸주며 포옹한다

유리잔에 담긴 커피도
공허한 마음을
쓸쓸한 마음을
불안한 마음을
빈 그릇 마음을
향기로운 맛으로 상처를 보듬어준다

너는 누구이며
나는 누구인가
너의 존재가 활화산처럼 타올라
스치는 혀의 바람에
고드름처럼 얼어붙은 얼굴에
눈꽃 속에 핀 매화처럼
오늘도 하얗게 웃고 있다.

서귀포의 유채꽃

봄바람이 춤을 추듯 스치는 그곳
서귀포 돌담길
황금 햇살을 입에 문 꽃들이
노란 옷을 곱게 차려입는다

빙하의 겨울을 지나
온 들녘에
노란 병아리 떼처럼 봄 나들이
그 향기는 바다 너머까지 퍼져 간다.

너도나도 그 향기에 취해 걸으면
봄이 내 심장을 간질거리고
마음 한 켠에 희망의 빛이
살며시 내려앉는다.

꽃잎마다 스며든 바람과 함께
노란 설렘을 품은 채.

가파도의 바람

푸른 물결 위 작은 섬
바람이 먼저 녹아내리는 가파도
파도는 연인들처럼 속삭이고
하늘은 한 뼘 더 가까워진다.

보리밭은 바람에 몸을 눕히고
햇살은 금빛 물결을 그리며
한낮의 고요마저 바람이 쓸어가도
섬은 그대로 숨 쉬고 있다.

멈춘 듯 흐르는 시계 속에
나는 한 줌 바람이 되어
가파도의 낡은 바위에서
꿈처럼 머물러 본다.

모란

우주의 빛을 삼키고
땅의 정기를 마시며
붉은 석양을 입으니
정열이 그득하구나

그 열정이 통로가 되어
온 방을 장악하니
누구든 말하니
꽃 중에 왕이라고.

눈꽃 사랑

너는 나이고
나는 너인데
왜 이리
눈물이 앞을 가릴까

좋아한다고
짙은 눈빛으로
사랑한다고
심연의 고백으로도
왜 이리
하얀 눈꽃처럼 스며 흘러내릴까

포근하다
괜찮다
토닥이며 달래 보지만
왜 이리
눈송이처럼 가슴 깊이 스며들까

바람이 불면 사라질까
햇살이 닿으면 녹아버릴까
우리는 하나인데도
이 사랑은 자꾸만 흩어진다.

소나기 눈꽃

깊은 백야가 피어나
햇살이 옅은 미소를 머금고
새하얀 천사의 깃털이
벌거벗은 나무들을
포근하게 옷을 입힌다

날개를 핀 눈꽃이
겨울빛 속으로 유혹해
소녀의 볼에 소곤소곤
순백으로 물든 소나무에 소복소복
하얀 세계를 경탄(驚歎)해
줄사탕처럼 예찬(禮讚)한다.

하얀 세상

하얀 눈꽃이 천사의 깃털처럼
푸른 소나무에도
노을을 먹은 단풍나무에도
고즈넉한 한옥에도
달리는 차에도
포근하게 덮고 있다

어린아이의 손장난도
소녀의 붉은 볼에도
아낙네의 동백 치마폭에도
뭉게구름을 입은 강아지의 꼬리도
하얀 눈송이가 소복소복

순백의 눈꽃이
치유의 세상을 열어
또 다른 어둠의 세상에
덮고 녹여서
하얀 물결이 출렁거리기를.

설화

음악아, 활활 타올라라
고조된 음률 위에 불꽃을 얹을까.
그 요동치는 선율만큼 내 마음도 싹쓸 바람에 휩쓸린다

무엇이 이토록 번민스럽단 말인가
무엇이 이토록 혼돈스럽단 말인가
방향을 잃고 흔들리는 나
음률에 몸을 기대어 떠도는 나

그대의 음성이 나를 부를 때,
그대가 내 곁으로 온다고 할 때,
왜 그리도 선을 긋고 돌아섰을까.
이제는 아무것도 못한 채 길을 잃고서.

낙엽이 뒹굴면 겨울이 오는 것을
추녀 끝 고드름이 맺히면 봄이 깃든다는 것을
그래
설산에 핀 매화처럼 함께 얼어버리자
언젠가 따스한 햇살이 우리를 녹여주겠지

솜털 같은 설화가 되어
머리도, 가슴도 투명한 고드름처럼.

한라산 천백 고지의 설경

하얀 숨결이 가득 뿌려진
한라의 품속, 천백 고지
산바람조차 숨죽인 채
눈꽃이 피어나는 산길.

고요 속에 번지는 은빛 물결
한 자락 햇살에 반짝이며
녹아내릴 듯
그 자리에 머물러 깊어지는 계절.

발자국마저 머뭇거리는 이곳
하늘과 맞닿은 듯한 순간
나무마저 하얀 손짓으로
설국의 풍경을 그려간다

시간도 쉬어 가는 곳에서
나는 한 점 눈송이가 되어
하늘과 땅 사이,
순백의 꿈을 꾼다.

열정을 품은 동백꽃

겨울 끝자락,
차디찬 바람 속에서도
그대는 피었다.

눈발에도 굴하지 않고
붉은 입술을 앙다문 채
조용히 타오른다.

흩어지지 않는 꽃잎,
한 점 부끄럼 없는 생의 빛깔로
자신을 다 태워낸다.

누구도 알아주지 않아도,
찬란한 봄을 기다리지 않고도
그대는
지금,
여기에서
가장 뜨겁다.

열정이란
때를 묻히지 않고
스스로 타는 것임을
동백은 말없이 보여준다.

봄이 안긴다

산들바람이 웃으며 달려와
꽃봉오리를 톡톡 깨우면
나무들은 기지개를 켜고
새들은 반갑게 노래한다.

햇살은 부드러운 손길로
굳었던 땅을 쓰다듬고
개울물은 반짝이며
겨울잠 깬 돌멩이들을 반긴다.

골목마다 진달래가 피어나고
아이들의 웃음이 퍼지면
거리도 들판도 공원도
설레는 발걸음으로 가득 찬다.

봄이 달려온다
봄이 우리를 향해 힘차게 안긴다.

봄의 향기

따사로운 햇살이 부드럽게 흐르고
살랑거리는 실바람이 볼을 스친다
어느새 산기슭에 가득 퍼지는
연초록 속삭임

매화꽃 첫 향기에
겨울의 그림자는 희미해지고
벚꽃 봉오리 터질 때면
가슴속 설렘도 꽃처럼 핀다.

촉촉한 땅을 적시는
이슬의 맑은 노래
그 위로 피어오르는
너의 향기

따스한 손길처럼 스며들어
마음속 깊이 남는 계절
봄은 언제나
기억 속 향기로 머문다.

봄의 향연

햇살이 수놓은 들판 위로
꽃잎들이 춤을 춘다
산들바람이 지휘하는 곡에 맞춰
개나리, 진달래, 벚꽃이 화답한다.

연둣빛 나뭇잎이 손짓하면
나비는 가벼운 발걸음으로
꽃술 위에 노래를 새기고
꿀벌은 달콤한 선율을 더한다.

흙 내음 속에 스며든
따스한 햇살과 부드러운 바람,
그리고 피어나는 모든 것들
이 순간, 봄의 축제

너도 와서 한 자리 앉아라
이 계절은 우리의 것.

진달래꽃

봄이 오는 길목마다
분홍빛 물결이 출렁인다
겨울의 끝자락을 밀어내고
먼저 피어난 진달래.

찬 바람에 깨어나
한 줄기 바람에도 흔들리지만
흙길 위, 돌담 곁, 산자락 따라
너는 묵묵히 피어 있다.

기다림도 그리움도
너의 꽃잎에 스며들어
흩날릴 때조차 아름다운 너,
봄의 첫 인사로 남는다.

싱그러운 아침

싱그러운 아침이 쏟아진다
목마른 황토밭에
촉촉한 미소로 화답하고
블루베리는 옷을 갈아 입고
토마토는 붉은 입술을 내민다

빗물을 머금은 고추가 반짝이고
안마당 꽃들이
저마다 채색 옷을 뽐낸다

푸들 강아지는 꼬리를 풀고
자연이 깨어나는 소리에
귀를 느슨하게 푼다

아낙네의 손길이
아침상에 분주히 차리고
아이들은 눈을 비비며
하품을 담아 양치질을 한다
아빠는 넥타이에 열정을 매단다.

어화둥둥, 어화둥둥
젓가락 소리에 산나물이 씽긋 웃고
된장찌개 속 구수한 정이
솥의 김처럼 피어오른다.

봄빛을 먹은 개나리꽃

싸늘한 겨울 내내
앙상한 가지로 기다렸지
차가운 바람 속에서도
노란 꿈을 품고 있었지.

어느 날
햇살 한 줌이 내 몸을 깨우고
봄빛을 한껏 머금으니
나는 눈부신 꽃이 되었다.

길가에 피어난다 해도 난 좋아
담벼락에 기대어 선다 해도 난 좋아
햇살이 닿는 어디든
나는 온 마음으로 피어나리.

섬진강 벚꽃

잔잔한 강줄기 따라
햇살이 고요하게 흐른다
바람 한 점에도 설레는
벚꽃잎이 물 위에 춤춘다
강물은 말없이 품어주고
바람은 노래하며 흩날린다.

화사하게 한 번 피어
아낌없이 주는 꽃잎들
뜨거운 이별이
어쩌면 사랑일지도
한 송이 벚꽃이 되어
한순간을 살아간다.

봄비

마른 들판 위로
소리 없이 내려오는 봄비
겨울의 침묵을 깨우는
고요한 속삭임 하나
잠든 씨앗은 귀를 기울이고
묵은 흙은 기지개를 켠다.

떨어지는 빗물마다
숨결이 되고 꿈이 된다
한 방울, 두 방울
세상을 다시 적시는 마음처럼
봄비는
오늘도 생명을 짓는다.

산수유 한우 축제

비바람이 스치고
눈꽃이 내려앉던 자리
다시 햇살이 번진다.

고소한 연기 피어오르고
붉은 꽃잎처럼 퍼지는 향기
사람들 웃음 속에 녹아든다.

김연자의 노래가 흐르고
아브르, 아브르 파티
흥겨운 장단에 어깨가 들썩인다.

한 점 한우를 입에 넣으면
노릇한 햇살이 스며들 듯
입안 가득 봄이 번진다.

춤추는 바다

바람이 노래하면
바다는 춤을 춘다
푸른 물결은 허리를 휘돌려
하얀 포말을 흩날린다.

햇살이 내려앉으면
은빛 물결이 반짝이며
끝없는 춤사위를 펼치고
갈매기들은 날갯짓으로 화답한다.

때로는 거칠게,
때로는 부드럽게,
그 누구의 발걸음도 닿지 못할
자유로운 리듬 속에서

바다는 쉼 없이 춤을 춘다.
세상의 모든 바람을 안고서.

여름날의 속삭임

햇살이 물결처럼 일렁이면
나뭇잎은 초록빛 노래를 부르고
매미의 울음은 뜨거운 바람을 타고
하늘 높이 퍼져 간다

한낮의 더위 속에서도
강물은 조용히 흐르고
아이들의 웃음소리가
물방울처럼 튀어 오른다

붉게 타오르는 저녁놀 아래
파도는 모래 위에 추억을 새기고
별들이 하나둘 고개를 내밀면
여름밤의 꿈이 시작된다.

비야

비야
뿌려 다오
내 마음도 적셔주고
너도 가고 싶은 곳으로 흘러가거라
가면서 꽃과 나무에도 물을 주고
생명을 머금은 채 떠나거라.

비야.
멈추지 말아 다오
내 마음이 아직 흠뻑 젖지 못했구나
처마 밑에 고드름이 맺힐 때까지
더 깊이 적셔 다오.

바람아
흔들어 다오
비가 혼자 외로워 보이는구나
네 입김을 불어 그가 정한 곳으로
부드럽게 내려앉게 해 다오.

비가 내 마음에 홍수를 일으키니
몸마저 눈물을 흘리는구나.

억새도 몸부림

거친 바람에 갈대도 움츠리고
억새도 몸부림친다
햇살에 흥이 나 춤을 추기도 하며
할퀴는 빗줄기에 떨기도 한다

갈대는 금실 양탄자
억새는 쌀가마 거적때기
그래도 밟으면 소스라친다

눈을 떴다고 보이고
눈을 감았다고 안 보이는 것이 아니다
갈대도
억새도
허리를 펼 권리가 있다.

가을비

회색빛 나래가 펼쳐져
멍든 노을이 잠들고
지저귀던 종달새
숲길에 등을 돌린다

꽃향기 찬 기침에
치맛자락 감추고
고개를 떨구는 빗방울에
오색 빛으로 물든 낙엽은
그리움을 수 놓는다.

황금에 염색된 은행잎이
시선을 멈추고
가을비에 파르르
고독에 떨고 있다.

단양

옷깃만 스쳐도 인연인데
단양에 스친 님의 옷자락은 깊어라
수줍은 여인의 볼이
노을빛으로 물든 강가.

도담삼봉의 굳센 기개에
소나무 꽃이 앙증맞게 피고
붉은 입술 머금은 단풍마저
살며시 애정을 속삭인다.

강줄기를 타며 수줍게 웃은 조각배,
평안을 노래하며 악수를 청한다.
정겨운 님의 미소처럼
단양도 따스하고 포근하다.

임의 사랑

은빛 하늘에
하얀 달빛이 울렁출렁
뇌 속에 엉킨 별빛이 운다
머리카락부터 발꿈치까지
번민이 울컥울컥
살짝 건드려도
후버 댐 터지듯이
눈물샘이 터진다
사고가 꼬리 물고 늘어져
신뢰의 벽을 무너뜨리고
믿음의 허리를 도끼질한다
세상의 자는 줄이 있는데
임의 자는 점도 없다
이리저리 굴리고 굴러도
뇌만 빙빙 울연(蔚然)하다
도저히 좌우로 잴 수가 없어
검은 눈동자만 넘실넘실
삶의 한 줄이라도
자국을 남기지
임은 그냥 버린다
그것이 님의 사랑이다.

이것이 사랑 아닐까

맑은 옹달샘처럼 청량하며
가파른 마음의 절벽을 넘나들며
이슬을 먹은 잎처럼 감미로우며
그대에게 뛰는 심장이
여린 사슴처럼 펄떡펄떡
이것이 사랑이 아닐까

영롱한 센스
샘솟은 열정
스치는 섬광에
수정알을 닮은 무지개가
눈동자에 핀 그대
이것이 사랑 아닐까

붉은 꽃물을 도장한 입술
옥구슬을 훔친 목소리
실크보다 부드러운 숨결
우수에 찬 깊은 눈매
반항심을 심은 얼굴
이것이 사랑 아닐까

화산처럼 온기가 돌고

무슨 말이든 받아먹고
상큼한 미소로 화답하고
버들가지처럼 흔들리고
들뜬 눈빛에 녹는 것이
이것이 사랑 아닐까

가을빛이 떨어진 가슴에
넘나드는 설렘에
코스모스의 향내에
갈대의 휘날림에
초승달이 까막눈처럼 날갯짓을 하니
이것이 사랑 아닐까.

사랑의 정표(情表)

보드라운 손가락 위에 빛나는 반지
끝과 시작이 맞닿은 모양
우리의 약속은 거기에 머물러
추억을 따라 돌고 돈다.

한때는 작은 상자 속에서
고요한 별처럼 숨 쉬었고
이제는 따뜻한 손끝에서
심장과 함께 뛴다.

세찬 비바람이 몰아쳐도
심장은 식지 않고
햇살 아래서 더욱 빛나며
우리의 사랑을 증명한다

고운 마디를 스치는 반지처럼
늘 곁에 머무는 사랑이여
닳아도 사라지지 않는
영원의 약속이길.

신의(信義)

나 그대에게
이 세상의 잣대를 내려놓고
믿음으로 노를 저어
저 강을 건너려 하네
덮친 파도가 조각배를 흔들어도
바람결에 묻어
저 강을 건너려 하네
혼자가 아닌 그대가 있음에
휘몰아치는 폭풍도
몰아낼 수 있네
나 그대 믿으려 하네
나 그대 하나로 동여매
저 푸르디푸른 강을 건너가네
저 푸르디푸른 강을 건너가네.

어여쁜 사랑

달빛에 살짝 핀 미소
애잔한 눈빛에 잠겨
연모(戀慕)를 물들이고
품은 마음에 눈물이 고인다

흐느끼는 눈빛에
뼈까지 아파지고
숨길 수 없는 마음에
그리움이 연꽃처럼 움튼다

부드러운 손길에
떨림이 울리고
얼얼한 마음에
백합꽃이 소담스럽게 피어난다

살랑거리는 바람은
꽃잎을 물들이고
살포시 입맞춤에
사랑을 품어낸다.

사랑

그대의 가락이 공중에 날리며
그대의 아늑한 목소리가 귓가에 떠 있고
그대의 얼굴이 내 눈동자에 묻힌다
잠결에 스친 얼굴
생각 속에 깊이 파여
숨결에 발원(發源)하며
움직임에 솟아오르다

외모가 아름다운 것도 아니요
세상의 잣대로 월등한 것도 아니요
특별한 매력이 있는 것도 아니요
규범과 사고에 갇힌 그대인데
깃털 같은 포근함에
붉은 피와 살결이 움튼다.

기다림

끝없이 방랑한 거친 파도 위에서
그대를 기다리리
이글거리는 불꽃 속에서
그대를 기다리리
폭포수를 맞으면서
그대를 기다리리
감미로운 유혹 속에서도
그대를 기다리리
만나리라 그 언약을 믿으며
그대를 기다리리.

우리는 하나

내 눈 그대 눈
맞부딪칠 때 별이 날리리

내 입술 그대 입술
속삭일 때 달콤한 향기 맡으리

내 가슴 그대 가슴
안길 때에 고요한 숨결 들리리

내 손 그대 손
합할 때에 백합꽃이 피어나리

아 이제
우리는 하나가 되었나니.

미소의 성

숨죽인 눈물이
심장에서 흘러내리며
목멘 소리가
목덜미에서 흐느낀다
너의 아픔이
신경을 타고 흘러
몸이 요동친다
큰 눈망울을 굴리니
쓰러진 기개가
옆으로 누워 버린다
이제 요절할 시간
끊임없이 갈구하는 눈망울을
감고 또 감는다
하나 둘 셋 벽돌을 올리니
미소의 성이 우뚝 솟아 있다.

믿음

우리는 아름다운 무지개를 뽑아
곱고 어여쁜 실로 한 올 한 올
사랑 모아 삶을 수놓았습니다
그러나 해는 바뀌고 달이 흐려져
노란 실이 자취를 감추었습니다
밀려오는 슬픔에
눈물을 감추고 또 감추었습니다
무수한 별 따라 노란 실을 찾아
가시 속에서 끊임없이 몸부림쳤습니다
저 고요 속에 핀 노란 난초
어느 순간에 제 품에 안겼습니다
우리는 사랑의 틀에
다시 색을 모아 믿음의 고리를
촘촘히 엮었습니다.

사랑의 빛

그대의 보드라운 손끝의 떨림을 느끼며
잡지 못함이 마음이 시릴 뿐입니다
그대의 언어 속에 향기로운 밀어를
채우지 못함이 가슴이 시릴 뿐입니다
그대의 해맑은 눈망울에 이슬 먹은 평화를
띄우지 못함이 영혼이 시릴 뿐입니다
그대의 호흡에 돋아나는 나의 생명의 기운으로
따스한 빛을 불어 주지 못함이 마음이 시릴 뿐입니다
그대의 귓가에 창조의 노래를
들려주지 못함이 가슴을 시릴 뿐입니다
그대의 우주에
바닷가 모래 속에 옹달샘처럼 솟아나는
하얀 싱그러움이 스며들기를 바랄 뿐입니다.

부귀화

노을을 포갠 입술
꿈을 입은 꽃망울
강렬한 열정에 핀
숨바꼭질 자족감
생령(生靈)을 살린 향기
꽃 중의 꽃이구나
존귀한 햇살이
붉은 입술에 숨을 거두니
꽃 되어 흐르는 님아
역시 화중왕(花中王)이구나.

2부

혼결

달 항아리

뽀얀 민낯에
단아한 정절
달빛 먹은 미색에
윤기 흐르는 도선
수천 년의 땅을 품고
고결한 자태로
뒤틀어진 삶을 포용한다

흙에 자아를 섞어
굴리는 물레질
떨어진 꽃잎이
멍든 사고를
돌리고 또 돌린다
끝없이 흐르는 달빛
빛 풀어낸 항아리에
역사가 꿈틀거린다.

살 만한 세상

말은 만 마디
행동은 한 가닥
너나 잘 났다고 세상을 혼돈으로 몰아가니
이 사회가 공해로 덮였구나

어지러운 세상에
너의 선한 행함이
콘크리트 새장을
따스한 빛으로 감싸는구나

작은 손들이 모여
싸늘한 땅바닥에 불을 지피니
움츠린 생명이 피어나
아직은 세상이 살만하구나.

괴물 산불

검붉은 혀를 드리운
산불이 숲을 집어삼킨다
강풍을 등에 업고
번개 같은 발톱을 세운 채
온 산하를 훑어댄다

새들은 잿빛 연기로 울음도 삼킨 채
몸이 떨어지고
달아나던 노루의 눈에는
불길이 일렁인다

공포스런 산자락
잃어버린 삶의 둥지
역사가 녹아든 국가문화유산의 눈물
시간마저 녹아버린 불바다에

아! 폭포수 같은 장대비가
타는 대지를 쓸어안아
꺼지지 않는 상처 위로
새순이 돋아날 수 있기를.

새로운 품에서

어둠이 내린 산자락을
초점 없이 바라본다
몸은 시체처럼
영혼이 없는 듯하다

고요함에 묻힌 저 나무들
검은 띠를 두른 채
거센 바람이 휘몰아쳐
새들은 잠든 척한다

저 멀리서 한 점의 빛이
서서히 점선으로 다가온다
육은 무거운 눈꺼풀을 올리고
빛을 향해 걸어가며
한 가닥의 희망을 건져낸다

암흑은 그 빛에 내쫓기고
잠든 강산을 깨우며
숨 쉬는 생명들은
새로운 경작지에서
삶을 어기여차 노래한다.

피겨 여왕, 김연아

빙판 위에 새겨진
우아한 궤적
은빛 날개를 단 채
겨울의 바람을 가르네.

눈부신 스핀
시간마저 숨을 멈춘 순간
한 점 흐트러짐 없는
고결한 학의 기품.

흔들리지 않는 도전의 심장
수없이 쓰러져도 다시 일어서는
얼음 위의 용기
별처럼 빛나는 아름다운
김연아
그대는 영원한 겨울 왕국의 전설.

해가 피는 세상

석상이 된 가슴
무엇으로 부술까
겹겹이 뭉친 가슴
무엇으로 풀어질까
엉겅퀴가 담벼락 타고 흐른 가슴
무엇으로 끊을 수가 있을까
암벽 동굴에 갇힌 가슴
무엇으로 뚫어질까

저 푸른 하늘을 봐
빅토리아 폭포처럼 흐르고 있잖니
초록 물결이 춤추는 저 산을 봐
온갖 매연을 빨아들이고 있잖니
교통체증에 몸부림치는 저 차들을 봐
엑셀을 죽이며 가고 있잖니
가마솥 태양이 해바라기를 삼키려 해도
한눈팔지 않고 쳐다보고 있잖니
곁에 있는 자의 얼굴을 봐
따뜻한 온기를 느낄 수 있잖니

그래 그런 거야
세상은 온갖 허물 덩어리
잘난 것
못난 것
풍족한 것
부족한 것
품고 또 품고 흐르는 저 바다처럼
그래
손을 잡아 줄게
해가 피는 세상을 위해.

물결치는 흑진주 땅

사하라사막에서 불어온 황사로
푸른 하늘은 뿌연 먼지로 덮고
초록빛 나뭇잎은 회색으로
염색해 몸살을 앓고 있다

황금 별과 사파이어 별은
야자수 나무에 걸쳐 있고
밀집 정자는 빤짝이는 별을 입어
자신을 뽐내고 있다

개구리는 질 수 없다는 듯이
개굴개굴 디딤돌 소리를 내고
불빛을 먹은 은빛 물결은
살랑살랑 춤을 추며 연희(演戱)를 연다.

프람프람 강가에서

싱그러운 바람이 목덜미에 파고들고
머릿결을 살랑살랑 애무하며
바닷물을 염색한 치맛자락에서
너울너울 춤을 춘다

황금알을 뿌려 놓은 해변은
꽃사슴의 눈을 닮은 아이들이
앙증맞은 성을 쌓으며
꺄르륵꺄르륵 웃음꽃을 터트린다

수평선 너머에 둥그런 달이 뜨고
조각배는 하얀 물결을 밀어내며
한가로이 천상의 날갯짓
물장구치는 소녀의 볼에 키스한다.

아코솜보 강가에서

초록 잎을 뿌려 놓은 듯
흐트러진 물빛에
조그마한 나룻배에
어린 손이 노를 젓고
찢어진 그물 따라
틸라피아가 울고
어른 손은 빙그레 웃는다.

손바닥만 한 섬에
나무 한 그루
한의 역사가 물결치는
검붉은 밤에
두꺼운 천막을 치려나

산 여인의 가슴 봉오리
사이
사이
바람 따라 흐느적
풀잎 따라 흐느낌이
파동을 일으킨다.

야자수 거친 잎줄기에
파랑새의 눈물 조각은
유혹의 점
제트스키의 자만심이
강물을 가른다.

초승달을 짊어진 다리
가나 시디에 구워진 표정
툴툴거리는 돛단배
이리 고운 강물이어라.

아다 강가에서

초록 물결이 실크를 입은 듯
윤기를 머금고 부드럽게 흐리고
강바람의 입김을 먹은 야자수는
살랑거리며 속삭인다

고요함을 물고 온 나룻배는
잔잔한 평화를 띄우며
요란을 떠는 하얀 보트는
긴 한숨을 토해낸다

은빛 물결을 담은 선율이
미의 심장에 철썩철썩
꽃등에 업힌 듯 두둥실
하늘가를 사뿐사뿐 거닌다.

출렁이는 물놀이

카르르 아이들의 천사물결
빨주노초파남보 듀브행렬이 춤춘다
팔에 끼운 백조의 발짓
웃음 가득한 손짓
천진난만이 시냇물처럼 흘러간다.

풋풋한 소년은
눈을 비비며 하늘을 본다
콩나무처럼 공중에 떠 있는
힐 슬라이드에 기대어 손을 모으고
바람 따라 물길을 타고 내려온다.

밀착된 수영복 사이로
늘씬한 몸매가 꽃병과 같다
사뿐사뿐 물방울을 가르며
자태를 드러내니
임의 눈동자가 살포시 흔들린다.

푸들푸들 아줌마, 아저씨
출렁이는 배를 물에 묻고
얼굴만 빼꼼 내민 채
발끝만 통통
물 위에 둥둥 뜬다.

설익은 낮잠

언제 적인가 시곗바늘도 없는 낮잠을
지금 해 버렸다

어린 햇살이
방안에 살금살금 들어온다

안락한 침대에
몸을 송두리째 던지고
어설픈 곰 인형을 껴안는다

몸은 부실부실
눈꺼풀을 덮고 이불과 한 덩어리
망각의 샘에 담으니
짜증이 물어뜯고 이리저리 뒤척뒤척
설익은 잠이 몸을 집어삼킨다.

흑진주 땅의 비

용광로를 쏟아부은 듯
야생은 지친 이빨을 드러내고
물고기는 흐느적이며 몸부림치고
인간은 현기증 속에서
태양의 채찍을 맞는다.

활활 타오르는 대지 위로
비틀린 풀잎이 신음하고
그늘진 표피는 바싹 마른 채
무지개는 햇빛에 감금당한다.

시간을 넘나드는 묵직한 울림
번뜩이는 긴 칼날 위로
줄타는 불빛이 춤을 추며
산자락의 폭포수를 끌어안아
흑진주의 땅에 쏟아붓는다.

변색된 풀잎들은 날개를 펴고
청아한 향기를 풀어놓으며
초록은 빗방울을 옹기종기 품고
어느새 옛날의 아픔을 지운 채
아늑한 평화에 스며든다.

북한산 봄, 가나를 품다

진달래 붉은 숨결 따라 수줍게 웃고
벚꽃은 봄빛 따라 살랑살랑 춤을 추며
사랑은 국경을 넘어 꽃처럼 피어나며
산들바람은 기도처럼 내린다.

흑진주 검은 눈망울에 작은 손길을 모으며
따뜻한 마음 하나씩 꺼내어 나눔으로
우린 서로를 더 깊이 알아간다.
긍휼히 여기는 마음은 같기에
소통은 꽃잎처럼 피어나고
사랑은 봄비처럼 스며든다.

선한 영향력이
봄 햇살처럼 번져가는
이 봄, 우리는 함께 걸으며
더 따뜻한 깊은 흑진주 사랑으로
하나 되어 피는 사랑의 꽃
가나를 품은 북한산처럼.

영국 유학 중에

고고함을 담은 우아한 런던의 거리
낯선 골목을 헤매는 발걸음에
대학의 모퉁이를 돌 때마다
새로운 질문이 따라온다.

적막한 도서관의 불빛 아래
낯선 언어로 적힌 문장을 넘기며
나는 또 한 뼘 자란다.

고즈넉한 강의실 창가에
안개 속에서도 흔들리지 않는
나의 꿈이 빛난다.

템즈 강물처럼 흘러가는 시간
언젠가 이곳을 떠날 때
나는 어떤 사람이 되어 있을까.

차가운 공기 속에서
뜨겁게 타오르는 열정을 안고
한 계단
한 계단 탑을 향해 오른다.

숨 쉬는 울릉도

포항 뱃길 따라 세 시간 넘어
너울너울 춤추는 푸른 비경
설렘을 품고 몽돌에 눕는다.
바위 틈새 스며든 바람이
섬의 오랜 생을 속삭인다.

안용복의 발자취 따라
울릉도, 독도를 품에 안고
무궁화꽃이 한반도에 피어난다.
천년의 사랑이 쏟아지는 봉래폭포
물줄기 따라 흐르는 소망,
무병장수의 기원이 스며든다.

바위 틈새 숨결 뿜는 풍혈
나그네의 옷깃에 깊이 스며
사자바위, 남근바위, 투구봉, 곰바위
코끼리바위, 섬바위까지
하얀 미소로 속삭인다.
나리분지의 너른 품 안에
나물 밥상이 소박한 행복을 담는다.

고대 우산국의 숨결 깃든 현포,
하늘 기댄 세 선녀 바위,
에메랄드 물결 속 잠든 섬목,
손끝처럼 솟은 송곳바위,
기암절벽 따라 숨겨진 천연동굴,
천상길 따라 무지개다리 놓이고
도동 등대 파도 따라 달린다.

홀로 서서 세월을 지키는 촛대바위,
천혜의 섬, 풍광과 맛을 뿌리는 섬
홍합밥, 산채비빔밥, 오징어 내장탕, 물회
혀끝에 녹아드는 섬의 선물.

유네스코 품에 안긴 신비로운 땅,
들쑥날쑥 야생화 피어난 산길에
태초의 숨결이 고요히 잠든다.

독도

고래 등을 타고 출렁출렁 1시간 40분 지나
사파이어 물결이 춤추는 곳
빛을 뿌린 곳에 우뚝 선 바위들
대한민국 동쪽 끝, 한 가족이 산다.

동도 엄마, 서도 아빠 그리고 아이들 여든아홉,
코끼리 큰아들, 얼굴 넓은 둘째 아들
독립문 같은 셋째 아들
막내 물개까지 덩달아
촛대 삼촌에게 허리 굽혀 인사한다.

삼대가 덕을 쌓아야 닿은 곳
여든 노인은 세 번 바람 맞고
네 번째, 독도를 가슴에 안는다.
그 감격에 눈물 머금은 얼굴
괭이갈매기마저
날갯짓하며 재롱을 부린다.

역사의 파도가 깎아낸 바위
긴 한숨이 절벽에 감싸안고
한민족의 기억을 품은 채
파란 눈물을 흘리고 또 흘린다.

센트럴파크

싱그러운 바람이 머릿결을 쓰다듬고
부드러운 재즈가 바람 따라 흐른다
색을 먹은 그림판이
아이스크림처럼 달콤한 풍경.

빌딩 사이에 피어난 푸른 나무들
우람한 가지마다 상큼한 향기를 뿌려
도시인의 지친 영혼을 감싸고
고요한 안식을 안겨준다.

자유를 품은 뉴요커들
재즈 리듬을 타면서
중세의 말이 역사를 품고 달려
관광객의 시선을 사로잡는다.

나뭇가지에 다람쥐가 뛰어오르자
아이의 탄성이 울려 퍼지고
초록 물결이 파도처럼 일렁이며
커피 한 잔의 여유가 정겹게 스며든다.

설익은 봄빛(미시간)

용광로처럼 타던 들판을 지나
열일곱 시간의 비행 끝에
싸늘한 바람 튕기는 디트로이트에
두 발을 내려놓는다.

고슴도치와 같은 사랑을
아들에게 비비며
화살촉 박힌 바람에
살결이 저려
집 안에 묶인다.

설익은 봄빛
목을 길게 뺀 기다림 속
초록 잔디밭 위에
순백의 꽃잎이
화사하게 휘날린다.

눈 맞은 강아지처럼
님은 뛰어나가
눈꽃으로 수 놓은
신부의 하얀 드레스에 휘감겨
활짝 핀 미소를 뿌린다.

나무 곁 웅크리던
노란 난초는
잎새를 흔들며 응원하지만
거친 바람결에 엉켜
숨조차 가빠 딸국질한다.

시카고

쇠다리를 건너
회색빛 도시에
검은 돌들을 박는다.

뭉게구름이
꽃잎처럼 펼쳐져
살굿빛 건물을 물들이고
미시간 강줄기를 타고
거대한 도시가
공룡의 허리처럼 길게 뻗는다.

거인의 도로 위
잘 다듬어진 밀레니엄 파크는
숨 쉴 듯 조각상을 품고
접착점이 없이 빛나는 더 빈
고고한 물줄기를 띄우는 버킹엄 분수대
25년 장인의 땀을 머금은 윌리스 타워
흰고래 애교 담긴 쉐드 수족관.

박물관마다 숨 쉬는 예술
교육의 장이 펼쳐진 아이들의 천국
물방울에서 달나라까지
작품들이 손짓하며
향긋한 미소를 뿌린다.

돈이 흐르는 상업도시
창조적인 사고의 열매
인간과 공간
그리고 공간 속에 죽음조차도
고풍스런 멋으로 스며든다.

사랑할 수밖에
바람이 불어도 그리운 곳.

알렌, 빛을 발하리라

초록 바람이 움트는 델리웨어
알렌은 큰 울음으로 바람을 삼킨다
1884. 9. 20. 난징호
동방의 작은 등불을 달구기 위해
싹트는 비전 26세를 묶는다
역사의 소용돌이 속에서
울부짖은 대한의 땅에
부산갈매기처럼 고요히 스며든다
아름다운 금수강산에
황후의 핏물이 통곡하며
황제의 인자한 미소는 칼날에 찢어진다

고종 황제의 뼈 눈물을
작은 손수건 되어 닦아준 알렌
아픔과 고통으로 흐느끼는 자들에게
주삿바늘 된 알렌
세계적인 의과대학 병원 제중원을
빈터에 심은 알렌
상아탑을 한 돌 한 돌 올리기 위해
지식을 버무린 알렌
대한을 국제사회에 진출하는데
깃발을 날린 알렌

영혼 없는 심장에게
십자가 사랑을 움트게 한 알렌
암흑과 혼돈 속에서 절규하는 이 땅에
복음의 빛을 빛 춘 알렌
한 점의 살점과
한 방울의 핏방울까지
대한민국을 사랑한 알렌
한국 최초의 서양 선교사로
이 땅에 21년을 심고 또 심었다
그 열매가 보암직하고 탐스러워
맛나게 따먹은 이 땅이
오늘도 황금 빛 따라 거둔다.

제69회 헌병의 날 기념행사

자애로운 눈빛에 포로 된 병사들
예리한 지휘 아래 익어가는 군인들
붉은 수혈을 받아 우렁찬 경례가 울린다.

수리수리, 모든 길이 열릴 거야
흔들리는 선율 따라
건아들도 휘파람이 푸르게 퍼지고
무대의 함성은
선봉대를 넘어 하늘까지 뻗어간다.

짜릿한 전율이
아이들처럼 뒹굴고
늑대의 웃음은 느릿하게 번진다
화사한 구령이 여기저기 피어나는 봄날처럼

고단한 신발도
얼룩진 군복도
단단히 여민 얼굴도
한 올 한 올 풀려
가벼운 바람이 된다.

검은 진주의 배반

영국 유학 시절
새벽 미명에 천사의 손에 이끌려
흑진주의 땅 원주민 마을 중심에 서니
하늘에서 찬란한 빛이 내리고
주께서 '이들과 결혼하여 복음을 전파하라' 하셨다.
이리저리 도망가던 발을 돌려
검은 대륙에 몸을 담고
내게 속한 집, 차, 물질 모두 이 땅에 심고
흑진주에게 영양을 주고 갈고 닦아 윤기가 흐르니
아름다운 흑진주가 이 마을 저 도시에서 맺혔다.

강산이 삼십 번 새 옷을 갈아입는 동안
흑진주의 배고픔을 달래 주기 위해
흑진주의 복음을 주기 위해
흑진주의 건강을 주기 위해
흑진주의 배움을 주기 위해
흑진주의 미래를 주기 위해
예전의 우아한 삶은 모두 대서양 바닷속에 파묻고
내 머리카락도 내 손으로 자르고 파마도 한 적 없고
내 얼굴도 그 흔한 마사지 한 번도 스치지 않고
내 몸도 예전에 입던 옷, 친정에서 보내온 옷으로
단장하고

내 생일 선물도 지워 버리고
내 고국 길도 초청하면 가고
내 뼈 속까지 근검절약하며 긴 두 고개를 건넜다.
그 속에서 흑진주들은 더 고고하게 빛을 발했다.

그중에 아끼고 믿었던 탐스러운 흑진주가
구역질 나는 오물에 빠져 악취가 진동했다.
내 실망은 빅토리아 폭포수처럼 추락했다.
검은 진주의 배반으로 여섯 새끼 흑진주의 생계가
막막하니
내 심장은 붉은 피가 더 엉겼다.
내가 웃을 때 어깨동무 하하하
내가 슬퍼할 때 어깨동무 훌쩍훌쩍
내가 아파할 때 어깨동무 톡톡톡
그런 어깨동무 흑진주가
어찌 검은 강에 빠질 수가 있단 말인가.
아니 검은 강에서 허우적거리면서도
내 눈동자를 속이고 미소를 띠었으니
인간의 죄질이 어디까지인가.
가슴에 검은 화인을 맞았으면서도
가슴에 회칠한 무덤이면서도
백합처럼 환하게 웃고 있었으니
어찌 이리도 악하단 말인가.

검은 진주가 사죄의 눈물을 뚝뚝 흘리니
주께서 우리를 구원하기 위해 생명까지 주신 사랑이
아버지가 재산 탕진하고 돌아온 탕자를 안아 주신
사랑이
눈물에 잠든 아기 흑진주들의 앞날이
다시 곁에 두니 내 마음이 양면의 동전과 같다.

내가 친히 보살피리라

큰 재난에 휩쓸려 이 땅을 떠나는 자들이
너무나 불쌍합니다
염려 말아라 내가 친히 보살피리라
이 땅은 고난의 땅이고
저 땅은 축복의 땅이리라

너는 어떻해 나왔느냐
왜 그들을 데리고 나오지 않았느냐

해변에서는 즐겁게 놀고 있고
꽃나무에 물을 뿌리니 그냥 나왔습니다

그래도 너는 알고 나오지 않았느냐
바람의 기운이 느껴졌습니다

조금만 생각하면 나올 수 있는데
어리석은 자들은 피하지 못했느니라

그래도 불쌍합니다

내가 돌보리라
세상 위정자들이 입으라는 것을
생각도 없이 입고 있으면
그리 당할 수밖에 없으리라

어리석은 인간들도
내가 친히 돌보리라
염려하지 말아라.

또 다른 도전

한 생명이 잉태해
엄마의 포근한 사랑을 먹으며
교육을 통해 박사 가운을 입고
신의 손길을 통해
교육 펜대를 온몸으로 늘리면서
한 우물만 30년 넘게 깊게 파고 또 팠다.

연필도 책도 손에 없는 흑진주들
미래도 꿈을 꾸지 못하는 흑진주들
나무 그늘에서만 하루를 파는 흑진주들
아이들이 교육을 먹고 희망을 입으면서
벼 이삭처럼 알알이 열매를 맺는다

시간이 바늘귀에 빠지든지
시간이 화살촉같이 날아가든지
시대적인 관념이 땅거미인 흑진주들이
정자세로 서고
광활한 높은 하늘을 바라보며
많은 이들을 선도하고 있다

몇 천 년 묵은 땅에
큰 기계를 돌리고 긴 파이프를 박고
펌프로 생명수와 같은 수정알을
폭포수처럼 쏟아내
흑진주의 생명을 받쳐준다

이리 보고 저리 보아도
기쁨과 감사에 흠뻑 젖어
미소의 강물이
출렁다리처럼 출렁거린다

파릇파릇한 정신세계
뜨거운 도전 의식
신의 부르심에 순종해
온몸의 진액과 땀방울을
흑진주 땅에 쏟아부었다

알알이 포도알처럼 생동감 있게
익어가는 흑진주 아이들을 위해
한 번도 가지 않는 길을
나는 가려고 한다
그것이 지금까지 간 길이 아니어서

무슨 문이 열리고
무슨 문이 닫힐 줄 나는 모른다
쓰디쓴 담즙인지
달콤한 꿀송이인지.

육체의 빈곤을
10월의 풍요로움으로
정신의 나뭇가지를
사막의 뿌리처럼
또 다른 도전을 고국의 땅에서.

그래도 가야 할 길

무궁화 땅에 이런 후보 국부 감들이 양대 산맥에
오른 적이 한 번도 없었다.
한 나라의 여·야 후보들이 자신들의 얼굴에 먹칠해
해가 뜨지 않았으며,
부인들이 갈기갈기 찢어진 행주치마 걸치고,
친인척의 돼지 같은 목구멍이 찢어지도록 벌어졌다.
두 산맥의 네거티브 끝판에 깃발 꽂아 역대급
비호감 선거로 국민들의 눈과 귀가
어지럽고 구토증이 올라왔다.
그래도 가야 할 길

정권교체의 민심의 키를 잡고 어깨동무하고 외치다가
본인의 저울이 가볍다고 문을 닫고 뛰쳐나오는 것을
이 땅 먹고 저 땅 먹고
백성의 고기를 얍얍쩝쩝 먹고
사각 백지에 맘대로 활자 수 놓으니 강단의 분필이
웃었다.
이런 판은 일찍이 본 적이 없었다.
그래도 가야 할 길

조국 사태, 부동산 정책, 대북 관계, 코로나19
큰 걸림돌에 넘어진다.

자영업자의 고달픈 삶
실업자의 눈물
문 닫힌 상가들의 한숨
우울한 세상에 돈벼락을 맞았는지
이 바닥, 저 바닥
신사임당이 곁눈질하며 웃는다.
그래도 가야 할 길

봄빛에 회색 얼굴을 담고
희망을 다시 노래하며
투표지에 빨간 막대기를 꾹 누른다.
어찌 이런 일이
국민의 주권인 그 소중한 한 표가 쓰레기통, 쇼핑팩, 상자에
투표함이 갈 길을 못 찾아
안방에 있어야 하는데
문간방에서 불안하게 꾸벅꾸벅 졸고 있다.
그래도 가야 할 길

TV가 열리고 초박빙이 국민의 마음을
검은 밤에 마구마구 흔든다.
파랑 깃발이 첫 출항을 잘 달리더니
0시 32분에 엔진이 풀렸는지 느려지고 있다.
깊은 밤이 더 깊게 파인 바다로 항해할 때에

턱 밑 빨간 깃발이 역전의 고동소리를 울린다.
어둠이 두 층을 이룰 때에
0.8% 24만 표 간만의 차이로
빨간 깃발이 승리의 깃발을 휘날린다.
그래도 가야 할 길

한반도여
함께 가야 할 길
네거티브 비호감 선거로 오물에 떨어진 것을
다시는 주워 담지 말아라.
이제 우리는 하나
갈라진 두 개의 심장에 박던 못을
공손히 내려놓고 하나의 심장으로
국민 대통합으로 국민들을 위해
찢어진 옷을 꿰매고
일용한 양식을 챙기고
편히 누울 곳을 성심을 다해 찾아라.
보수 진영 싸움, 이념 세대 갈등을 내던지고
국민을 위한
국민을 사랑하는 올바른 정치관으로
서로 손잡고 머리를 하나로
심장을 하나로 묶어라.
한반도여
8월의 무궁화처럼 활짝 웃어라.

지혜로운 포기

무(無)에서 유(有)를 창출하려면
수면 밑에 유가 떠다녀야 한다
그래야 그물로, 낚시로,
유를 낚을 수가 있다
그런데 유는 안 보이고
검은 무만 해저(海底)의 돌 틈에서 삐죽거린다.

아니야. 그만 멈춰, 그만 멈추라고
왜 거기 앉아 있어
거기 앉아 있지 마
그 자리가 아니야
어울리지 않아
그만 멈춰. 멈추고 가라고
귓가에 매미 소리처럼 달라붙어 윙윙거린다.

신이 나를 사랑하기에
앞날의 고생과 아픔을 알기에
두 번의 꿈길에서 미래를 예시
길이 아니면 가지 말아라
아는 자들의 목소리는 역시 무
4주의 도전과 열정이 흙빛 안개 속에 묻었다

흑진주의 똘똘한 검은 눈동자에
구겨진 책을 펴며
몽땅 연필을 잡은 손
그 손을 또 다른 사랑의 손길로 잡으리.

빛을 감은 눈동자

사상에 그물에 엉킨 몸
두려움에 떨고 있다
미로 같은 빌딩 숲
이리저리 길을 찾지만
발바닥엔 고독이 스며든다.

누가 손을 잡아 줄까.

겨우 길 위에 섰건만
남루한 행색에
아는 눈길조차 스쳐 간다.
유리 벽 너머 잘 정리된 정무실
몸서리치며 돌아서려 해도
빠져나올 길이 없다.

철조망을 붙잡고 낙하한다.
강물에 몸을 던진다.

건물 안은 비웃고
건물 밖은 정신이상자로 몰아세운다.
떠내려가는 물길
잡아주는 손 하나 없다.
나그네의 외침은
갈대 사이로 찢겨 흩어진다.

군중심리

콘크리트 벽을 뚫고
한 목소리가 쏟아져 나온다
우두머리를 따라 주먹을 흔든다
몸이 난다
멋지다
나도 섞이고 싶다.

너는 너무 감정적이야
너는 너무 이성적이야
저 무리 중에 선을 쫓는 자가 있을까
저 무리 중에 생명을 귀히 여기는 자가 있을까
저 무리 중에 미래를 위해 걷는 자가 있을까

눈꺼풀을 들어 올려 본다
아무도 없다.

그런데 왜 들어가려고 하니
한 복장에 힘이 넘쳐 보이니
너를 지켜줄 것만 같니

잘 봐
무리를 보지 말고
한 사람, 한 사람을 보아
여전히 들어가고 싶니

아니
거 봐 자세히 보면 보이지
검은 것은 무엇인지
붉은 것은 무엇인지.

가자
빛의 세계로.

승리의 깃발은

삐리삐리 삐리리
솔로 허그로 홍대 눈도장 꽝
우두머리 엷은 얼굴에
너구리 웃음으로 정치 보복
제로 점 게임이 불탄다

삐리삐리 삐리리
김밥처럼 터져 나간 자들
한 밥통에 오밀조밀 얼씨구
잘된 밥에 꼭 달라붙어 있어라
홍 뚜껑 여는 엄니들
밥 잘 지어 자식들 강건하자

맑은 미소가 담긴 배낭
걸음 걸음마다 아기 손 장구
경제 안보 대 통합 짠 짜라 짠
민주혁명 광야에서 꽃이 피며
촛불 달군 광화문이 손든다

힘껏 공약을 터뜨려라
빈 수레 털지 말고
힘껏 외쳐라
한반도를 죽이지 말고
분열, 갈등은 이번 깃발에 날려 보내라

안정과 평화를 누리는 나라
희망을 노래하는 나라
미래를 꿈꾸는 나라
민주주의가 빙그레 웃는 나라
이런 행복한 나라를 이끌 자에게
승리의 깃발을 꽂아라.

아! 만남이여

호랑이 춤을 섬 칼로 휙
군발로 잘근잘근 밟으니
이 땅에 붉은 진달래가 풀칠한다
명줄 씹어 먹고 태극기 잡은 손
곤파스 태풍과 억센 쓰나미를 뚫었다
아 그날은 무궁화도 엉엉 울었다
야욕이 수난을 잉태해
한반도 허리가 삐그덕삐그덕
뚝 두 동강
동족의 한이 파이고 또 파였다
북은 고슴도치 수소폭탄
남은 유리빌딩 시청 앞 피켓
동백꽃도 울고 또 울었다
떨어진 달이 판문점에 솟아올라
1차 2차의 빈 웅덩이를 메운다
두 정상의 도보다리 눈빛
뜨거운 심장이 타오르고
열린 통일로 핵 심지를 꺼 버린다
평화의 봄은
이 땅을 넘어 저 땅에
처절하게 필 것이다.

오물이 오물을

웃은 눈빛에 화살촉
미소 속에 신사임당
악수 속에 밀약이 핀다
너도 먹고
저도 먹고 잘도 먹는다
돈뭉치 뿌려 재단 늘어뜨리고
탑 쌓고 아방궁을 잘도 짓는다

매스컴에
국회에
돼지 입술들
같은 밥을 배 터지게 먹은 자들이
자기 밥통 안 깨졌다고
다른 밥통만 밟고 또 밟는다
그 밥통에
그 고깃덩어리들이

오물에
오물을 파고 또 파도
나오는 것은 오물뿐이다
저 구석도
이 구석도.

평화의 광장

두 정상의 환한 미소에
평화가 깃들어
한반도에 통일이 스며든다

금강빙산이 사르르 녹아
판문점에 흘러내려
설렘과 기대 속에서
평화의 광장에 넘친다

남북의 웃은 얼굴
손과 손이 따뜻하다
이 포근함을
왜 이리 늦게 느꼈을까

이 땅에 통일이 손짓해
어화둥둥
어화둥둥
한반도에 무궁화꽃이
70년의 통한의 눈물을 덮어 버린다.

3부
은결

사랑이 익으면

사랑이 익어 가도록
고운 눈물 방울을 담아
임의 잔에 부어
행복의 축배 하리라

고사리 두 손에
간절한 울림을
마음에 담고
나는 가리라

병든 어깨
시든 마음에
사랑이 익어가도록
눈물 조각으로 살찌게 하리라.

승화

검게 그을린 어둠이
본연의 그림자를 덮어
메마른 낙엽 같은 눈동자로
살아갈 길을 잃어버리고
방황의 끝에 매달려 있다

고요한 발자국 소리에
가쁜 슬픔을 거두고
또 다른 발걸음을 내디뎌
참다운 삶은
의미의 숨결로 승화된다.

임의 슬픔

쫓기고
쫓는 삶의 동굴
그 아픔과 고통을
누가 달래 줄까

달리고
달려도 잡히는 꿈에
떨어지는 눈물이
한강이 되어
남한강을 타고 흐른다

소스라치는 실망
역겨운 고통
약한 자의 몸부림에
눈물이 폭포수처럼 흐른다

어찌 이리도 아픈가
임의 아픔에
단련된 마음도
오늘따라 더 깊게
새벽을 깨문다.

바다 같은 사랑

네가 좋다
어설픈 만남도
깊은 인연이 될 수 있다
너의 미소가 별처럼 빛나
너의 텃밭에서 함께 뒹굴며
싱그러운 상추와 매운 고추를
아기 볼처럼 만진다.

작은 골방이라도 좋다
너의 목소리만 눈송이처럼 휘날리면
나는 수줍은 소녀가 된다
찢어진 옷도 바늘이면 족하다
무소유에 움츠린 어깨
이마에 줄 긋지 마라
금보따리 어디든 없다.

실크로 휘감든지
진귀한 보석으로 치장하든지
샤넬을 매든지
혀끝에 달콤새큼하든지
그것보다 더 향기롭고 아름답다.

코스모스처럼 가냘픈 인생
바람 인형처럼 나풀거리는 것이 좋다
휘어지는 것처럼 보이지만
더 강하게 서 있다
네가 존재하기에.

찬란한 눈물

꿈을 품은 열정 속에
조화로운 숨결은 돌무덤에 묻히고
얼굴을 스치는 바람이 차갑다

물로 씻어도 지울 수 없는
육신의 흔적
잠들수록 피는 꿈
삼킬수록 메마르는 목소리

한 음으로 노래해도
스며든 슬픔은
더 깊은 고요로 스러지고

미소를 머금은 얼굴에
병든 날갯짓 같은 떨림
울고 싶은 마음마저
웃음으로 굳어진다.

고독

달빛마저 숨을 고른 밤
별빛조차 길을 잃은 밤
설산에 드리운 공허
스러지는 바람 끝에
고즈넉한 적막이 스며든다.

사색은 웅크려
무(無)의 강을 조용히 건너고
황폐한 가슴 언저리엔
흩날리던 학의 그림자처럼 얇은
고독의 서린 자취가 젖어 든다.

모서리 질주

흙먼지를 뿌리며
무엇을 향해 내달리는가
꿈의 자락마저 시궁창에 던진 채
옆을 치고 부딪치며
몸을 할퀴며 질주한다

살쾡이 같은 눈빛
비악거리는 입술
정강이를 걷어차며
눈물도
자신도 잊어버린다

눈알은 오직 1미터 앞만 좇고
삶의 좌표마저 스쳐 지나간다
그 인생은
벼락 맞아 꺾인
소나무보다 더 가엾다.

등신(等神)

뿌리가 깊은 나무에 기대
정사를 논하지 않고
벌거벗은 몸으로
가냘픈 나뭇가지에
겹쳐 누워
정사를 논하니
죽을 수밖에.

누구를 탓하지 말고
원망하지 말라
온 세상이 비방해도
너의 몸 탓이라.

강한 바람이 불어도
흔들리지 않는 토대(土臺) 위에
다시 머리를 모아 세우라.

절제된 햇살

좌우로 몸을 뒤척이다가
창가에 매달린 하얀 빛에 눈을 뜬다
밖엔 빗방울이 통통 굴러가고
문을 열자
하늘은 구름을 꼬집어 눈물을 모은다

옷을 벗고
손을 놓아도
머리는 바보상자 속
선수들을 응원하며
풍선 빠진 바람 소리만 허공에 날린다

두 손을 모아도
하늘은 여전히 울상
구름을 토닥이며
무엇이 억울한지
이제는 너도나도 부둥켜안고
툭툭, 눈물을 흘린다

해는 해수면의 그림자
흐르는 시간의 파동 속에
검은 밤이 서서히 뒤틀리고
오늘따라 그리운 햇살
동화 속 이불처럼
절제된 빛을 덮는다.

눈꽃 미소

검붉은 노을에 눈꽃이 소록소록
소녀의 치맛자락처럼 펼쳐진다
그 미소가 별처럼 뿌려져
어둠도 어깨 들썩거린다

눈꽃에 깃든 님
거친 바람에 고드름처럼 떤다
소박한 꿈이
얼어붙은 얼굴
모나리자 미소도 삼켜 버린다
감추고 또 감추어도
보이는 것은 님의 얼굴
하얀 줄기를 타고 마구 흐른다

그 눈빛에 깨어나지 않으리
그 눈 속에 숨을 거두리
눈꽃을 타고 흐르는 님아.

떨어진 꿈

벌거숭이 마음에
앙상한 가시들이
오롯이 버티고 있다
잠든 악수
말뼈들의 행군
찌르고 또 찔러
마음에 고름이 맺힌다.

뼛속까지 피어나는 실망
삭이는 눈물에 잠기며
별은 아직 뜨지 않고
칙칙한 어둠만이 고개 든다
떨어진 꿈은 요 위에 뛰고
혼돈의 밤은 날개를 퍼득인다.

일어나렴

왜 누워만 있느냐

이슬방울이 터진 세상
한 줌의 흙이 허물어진 세상
냄비처럼 찌그러진 세상
청기와 뜯어내는 세상이라
한낱 종잇장 같아 유
그냥
몸을 늘어뜨리고 있어 유

뒤틀리고 휘어진 세상을
너는 펼 수 있잖아

일그러진 이 사회
입이 큰 자들
주먹질 소리 별로 예 유

그럼 2평 흙으로 가려느냐
아유
그냥 땅에서 두 발로 설게 유

그래
그것이 진정한 인간이지
토닥거리는 침묵 속에서
장미의 빛깔을
엉키는 미소를
할미꽃의 겸손을 배우렴

얼싸안은 세상을
움츠린 허리로
만들어 볼게 유

손과 손을

산자락 그늘에 움츠린 몸을
일으켜 세우렴
울퉁불퉁 길도
흙먼지 길도
가시밭길도 늘어져 있지만
초록 오솔길도 노래하고 있으니
어서 나오렴
산골짜자기에 고드름이 피면
너는 얼어붙은 눈사람
오돌오돌 떨며 무너질 것이다
어서 손과 발을 흔들어 보렴
산바람도 흥에 겨워
너를 산봉오리로 밀어줄 거야
하나는 하나지만
하나가 아니라는 것을
너는 알고 있지
어서 손과 손을 잡자.

산촌

물안개에 갇힌 산자락
초록 잎들이 햇살을 머금으면
굳었던 남정네들 어깨가
벤저민처럼 서서히 기지개를 켠다

길모퉁이에 찌그러진 붉은 지붕
막걸리에 취한 밭도랑이 흔들리고
회반죽에 엉켜 있던 담장이
아낙네의 잔소리에 빗장을 푼다

애달픈 보랏빛 가지들
가냘픈 손길을 기다리며
색시 볼처럼 붉어진 토마토에
빨간 고추가 업혀
수줍은 속내를 비운다

움츠린 징검다리 끝자락
구부러진 할미꽃이 하나 피어나고
이장의 찢어진 마이크 소리가
아아~
뿌연 마을을 찬물처럼 씻어낸다.

아뜨리애 갤러리에서

붓빛이 그림을 쓰다듬고
바람결이 시어를 속삭이는 곳
한 줄기 마음이 붓끝이 되어
꽃처럼 피어나는 전시회

고운 색채 속에 담긴 이야기
한 편의 시가 되어 흘러가면
도심 속 인파들의 눈빛에도
잔잔한 이야기를 담는다

시어가 빛이 되고
붓질이 노래가 되는 이 자리
아뜨리애 갤러리에서
시와 예술이 하나 된다.

뒹구는 삶

목덜미를 할퀴는 칼바람에
고운 단풍이 퇴색되어
골목길에
가로수길에 갈 자로 뻗어
눈 내린 할아버지의 수레에
구겨진 종이처럼 처박혀 있다

그 낙엽도 활력이 넘치는
청춘이 있었다는 것을

흙에서 태어나
초록 새싹으로
푸른 잎으로
붉은 열매로
노을을 입은 단풍으로 살더니
한 잎 두 잎 벗어 던지고
홀로 떠나네.

노숙자의 비애

삶의 절벽에 걸쳐 앉아
시멘트 바닥에 떨어진 몸뚱어리
누구의 눈길도 마주 못하고
파리와 동병상련을 느낀다
그 파리도 몸속에 파고들어
괴로움에 저주한다
눈동자 속에 비애가 잠들고
살결 속에 벌레가 꿈틀거린다
삶의 희망을 잡고
살결을 그어 벌레를 잡는다
아픔에 단련된 몸이지만
눈물이 심장을 젖힌다
등 뒤의 벌레는
혼자 잡을 수가 없다
누구의 손길이 필요하다
지나가는 자들은 비같이 흐르나
관심이 번개처럼 사라진다
한 구원자의 손길에
형체를 잃은 벌레를 잡고
온몸을 정결함으로 치장한다
우주의 꿈을 다시 그리며
신세계를 향해
처벅처벅 걷는다.

문뜩

사람을 이해한다는 것이
바람결을 풀어 놓은 것보다 더 어렵다
보고픔에 날갯짓하며
지샌 밤이 어디로 갔단 말인가
한 가닥의 선을 통해
파도가 흩어지듯이 물거품이 되었다
달님은 누구이며
별님은 누구인가
화초를 흔들어 놓고
그 많은 생각의 갈래를 하나로 묶더니
하나둘 바람꽃처럼 자취를 감춘다
잠시 형체도 못 느끼는 것이
무엇이 그리 슬픈가
엉키는 매듭은 그냥 두련다
저 크나큰 하늘을 향해
떨군 고개로 쳐다본다.

침묵하는 자의 고통

사람과의 관계성이
산 넘어 산인지 나는 몰랐다
산천이 산고의 고통을 수없이 넘는 동안
인품을 두른 자들과
신의의 눈빛으로
해바라기의 미소로
땀방울을 뿌려주며
봄빛을 입술에 문 수선화처럼 맑게 피었다

빌딩에 담긴 장미도
산비탈에 낀 들국화도 아파하는 것이 싫었다
한 울타리에서 행복의 꽃이 피기를 바랬다
거친 태풍이 몰아쳐도
침묵의 두루마기로
장미도 들국화도 품었다
침묵 끝에 말벌이 가시가 되어
내 심장을 찔렀다
너무 아파 붉은 피가 엉엉 울었다
가시는 거침없이 화산을 타고 쏟아져
내 몸을 뜨겁게 달구었다

불덩이 가시가 이리저리 구르면서
장미도 태우고
들국화도 재로 만든다
검은 꽃만이 뒹굴며 손뼉 치겠지
침묵하는 바보는 그 꼴을 볼 수가 없다
가시 불을 맞고도 말이 번져
이리저리 태울까 봐
오늘도 슬픈 사슴처럼 웃고 있다.

얄팍한 상술

얄팍한 꾀로
사람 눈을 속이고
마음을 가리고
돈을 먹는다
신은 보고 있다

그 손가락질에
화가 밀물처럼 몰려와도
땅을 파고 묻으려고 해도
지나가던 까마귀도
이름 없는 들풀도 웃는다

찾아도 찾을 수 없는 비웃음
너는 그 비웃음에 갇혀 있다

손바닥 속임수에
그 순간 돈이 떨어져도
오염된 시궁창에 물거품일 뿐
하늘이 찡그리고
땅이 손가락질하니
그리 살지 말아라.

참다운 삶

높이 오르는 것보다
곁에 있는 손을 잡는 것이 먼저이고
많이 가지는 것보다
나누는 마음이 더 따뜻해야 한다.

말을 앞세우기보다
진심을 담아 바라보고
성공을 좇기보다
의미를 찾으며 걸어가야 한다

비바람 속에서도
한 송이 꽃을 피우는 나무처럼
사람답게 살아간다는 것은
작은 온기로 세상을 밝히는 일.

열매 맺은 삶

돌부리에 걸려 넘어져도
흙먼지를 털고 오뚝이처럼 일어나라
눈보라 휘몰아쳐도
눈동자를 열고 당당히 걸어가라

길은 때론 멀고 험하지만
한 걸음씩 내디딜 때마다
새로운 빛이 너를 비추고
희망의 바람이 등을 떠민다.

포기하지 않는 한
멈춘 것이 아니라 쉬는 것
끝이 아니라 시작일 뿐
그 길 끝에서 너는
마침내 스스로를 만날 것이다.

추억의 한 자락(고려대 강의실에서)

나뭇결이 숨 쉬는 책상 위에
봄 햇살이 조용히 내려앉는다
칠판에는 지워지지 않은 문장들
누군가의 사유가 희미한 먼지로 남아 있다

귓가에 들려오는
친구들의 왁자지껄 수다
멀어지는 발걸음에
시간은 부드럽게 흐르지만
마음속엔 묵직한 질문이 떠다닌다

눈을 돌리면
누군가는 볼펜만 돌리고
누군가는 창밖을 하염없이 바라본다
지금 이 순간 그날을 떠오르면서
나는 시가 되어 추억을 그린다.

시 한 수

새벽이슬이 고개를 떨구기 전에
뇌는 맑은 시어를 담지 못해
뿌연 연기에 휘감겨 있다

나뭇가지에는 새들이 청아하게 울고
지붕에 울리는 빗물은 처마 밑에 떨어져
보라 꽃향기를 피운다

뇌는 그 향기를 빨아먹고
다시 숨을 쉬며
억지웃음을 짓는다

빗방울에 시 한 수 묻어
마음에 촛불 되어 시문을 연다.

딴짓쟁이

때로는 얕게
때로는 넓게
때로는 좁게
때로는 들쑥날쑥
넓고 깊음을
도저히 잴 수가 없다

시시때때로
사고는 불규칙하게 출렁이고
시야에 피는 물결은 딴짓쟁이
그래도 우리는 하나
심연은 정결함이 흘러
짙은 유혹에 염색되지 않는다.

설날

황금 볏단이 갈대처럼 출렁거리는
들판을 팽개치고
산도 강도
다른 회색 빌딩에 발을 담근다.

태양에 정신을 태워
몸을 물레방아처럼 돌리고
꿈의 안식처인 집 한 칸 도장 찍고
피붙이 옹기종기 맑은 웃음에
하루살이 톱니바퀴처럼
인생은 흐르고 또 흐른다.

까치 까치설날은 어제 쨱쨱쨱
우리 우리 설날은 오늘 삐삐리
부랴부랴 핑크 선물 보따리
차에 포도알처럼 주렁주렁 엮어
달리는 마음은 실낙원
흥얼흥얼 달리는 차도 짱짱짱

하얀 미소들이 처마 밑에 대롱대롱
손에 손에 덥석 잡고
뺨에 뺨에 뽀뽀뽀
늘어지게 잠자던 고향 마루도
보름달처럼 빙그레 웃는다.

나의 어머니

어머니
나의 어머니
경사 집이나 시장이나 고운 한복
세월 따라 유행 따라 양장으로 단장
뽀얀 얼굴에 분칠(粉漆)
진달래꽃 입술연지 바르고
뭉게구름 양산 아래 햇살 머금은 얼굴
그 몸태(態) 보고파 눈동자가 흔들린다

가늘진 주름에 피어난 경륜(經輪)
그 잔잔한 지혜를 느끼고파
볼이 노을에 살포시 물든다

투박한 손끝에
오물조물 숨 쉬는 맛깔
그 맛 보고파 입술이 달아오른다

시간 속에 잠든 맵시 살려
손주 때때옷 곱게 입히며
흐뭇한 미소 짓은 그 표정
그 멋 담고파 몸이 울렁거린다

자식이 쓴 서리 던져도
몸소 깨우쳐 주는 언행
그 울림 듣고자 혼이 울컥거린다

어머니
나의 어머니
어디서
어디서 만나랴
빈 소리만 허공에
오늘도 뜨는구나.

보낼 수밖에

라일락 향기를
엄마의 품에 묻고
앙상한 뺨에 얼굴을 비빈다.

가냘픈 맥박
늘어지는 숨결
가쁜 가슴이 떨리고
초점 잃은 눈동자 속
아기의 미소가 피어난다.

천상의 음률이
고요히 귓가를 적시고
흐르는 눈물 따라
영이 날개를 펼친다.

삶 속에서 싹튼 혼이
하늘가에 성을 그리며
기도를 잉태하고
찬양을 낳는다.

떨어지는 울음소리에
슬픔을 덧입고
한없이 정을 흘려보낸다.

갈 곳 잃은 자

슬프도다
슬프도다
인간은 빈손으로 왔다가
빈손으로 가지만
세상살이 빈손은
할 수 있는 것이 하나도 없구나

너의 아픔이
내 심장에 박혀
슬픔이 피눈물을 흘리는구나

어찌할 수 없는 처지에
무엇을 하랴
빈손에 병원 문턱에 서성이고
빈손에 가여운 고아들에게도
한 줄기 빛도 열어 줄 수가 없구나

매서운 칼바람을 나뭇잎으로
방패를 삼으니
어찌 가엽다고 하지 않으리오

젊은 날에 개미처럼
몸 놀리는 것도
차디찬 겨울이 오기 전에
일용할 양식을 비축하기 위함이라

빈 창고에 까마귀만 꺄악꺄악
어찌 슬프지 않으리오.
갈 곳 잃은 자가
오늘도 하늘만 바라보는구나.

슬픔의 눈빛

쫓기고 쫓는 삶의 동굴
그 아픔과 고통을
누가 달래 줄까
달려도 잡히는 손
떨어지는 눈물이
한강이 되어
남한강을 타고 흐른다

소스라치는 분노
역겨운 고통
약한 자의 몸부림
그 이름에 놀라
눈빛이 울고 있다

어찌 이리도 아픈가
임의 아픔에
단련된 마음도
오늘따라 더 깊게
새벽을 깨문다.

서러운 분쟁

가녀린 몸 선에
그림자 먹은 얼굴
여린 눈매가 울고 있다

강한 부정을 건너
긍정인 벽을 타고
나무줄기에 엉킨
달콤한 미소를 띄운다

흐트러진 사고를
눈동자에 묶고
서러운 분쟁을
통으로 막아낸다

굽이굽이 피는 절망을
소나무 꽃으로
땅과
하늘을 덮는다.

그림자 없는 펜대

한 공간에서 문자들이
독한 화살이 되어
타인의 심장에 박힌다
그 마음은 너덜너덜
쓰린 웃음을 흘린다

보이지 않는 펜대는
더 촉을 갈아 화살촉을 쏜다
속상한 마음은 더 큰 펜에
강한 독을 묻어 날리고 싶으나
꾹꾹 입술을 깨문다

보다 못한 친구의 펜대가
독수리 날개 치듯이 날아가
눈감은 펜대에게 주먹을 휘두른다
펜대의 전쟁에 지친 자들이
눈꺼풀이 처진 채로 퇴장한다

미친 활자들은 비웃고
선한 문자들은 평화를 기다린다
아픈 자는 인내를 3개 묻고
직선으로 날리는 것보다
곡선의 부드러움을 택한다

개인 톡으로 펜촉을
둥글게 둥글게 더 갈아
날아가 평화를 기원하니
보이지 않는 펜대는
다시 그림자를 입는다.

삶의 여정

뚝뚝 떨어지는 눈물을
그 무게를 받아 본 적이 있는가.

삶의 고단함에서
여문 고뇌가 미소로 번지고
고통에 삭아버린 시간의 고리 속에서도
매화는 피어나 웃고 운다.

때로는 슬픔을
때로는 행복을
삶의 실타래에서 한 올씩 뽑아
가슴에 수놓는다.
희로애락이 삶의 옷을 짤 때에
대나무 같은 의지가 심장에 닿아
생의 실타래는 묵묵히 풀려간다.

낮을 밤이라

해가 뜨면 낮이라 하고
해가 지면 밤이라 하건만

진리마저 뒤집힌 세상
낮이 밤이 되고
밤이 낮이 되는
이 아픈 현실 속에서

낮은 어둠을 머금고 흐느끼고
밤은 빛을 품고 소리 없이 운다.

자유의지(自由意志)

평화로운 몸에
구속(拘束)을 묶어
꼭꼭 매듭짓는다

숨을 쉴 수 없는 억압에
몸이 한기를 느끼며
영혼이 허기져 떨고 있다

너울 파도처럼 두통이 일어나지만
꽉 찬 뇌에
자유의지가 요동친다.

새벽별은 알고 있으리

기름진 터를 등지고
거친 자갈밭을 택한 그대
활자는 불꽃이 되어
자판에 위에 피어나고
정보가 이글거리며 타오른다.

특별한 부름을 받아
옷과 책, 가방 속에 단정히 눕히고
떠날 날을 기다리만
샤프는 갈 곳을 잃고
슬픈 미소가 엉킨다.

찬란한 빛이 드리울지
어두운 그늘이 깃들지
그것을
새벽별만 알고 있으리.

이리 아플까

가시가 손톱 밑에 박힌 들
이리 아플까
병고(病苦)에 시달린 들
이리 아플까
거센 파도에 조각배가 뒹굴든
이리 아플까

가녀린 코스모스가 세찬 비바람에
사시나무 떨듯이
여린 몸이 거친 풍파(風波)에
오들오들 떨고 있다.

내 마음은 파헤친 무덤.

잠은 방랑자

모유를 새근새근 모아
발찌로 엮어 차 보면
아기처럼 곤히 잠들까.

밥술을 꾸벅꾸벅 담아
팔찌로 엮어 차 보면
아이처럼 스르르 잠들까

책 속에 감기는 눈꺼풀을 건져
귀걸이로 엮어 걸어 보면
소녀처럼 꿈에 젖을까

떨어지는 검은 밤을 주워
목걸이로 엮어 걸어 보면
숙녀처럼 깊이 잠들까

떠도는 초승달 아래
육은 시리고
혼은 울렁이는 밤
잠은 방랑자가 되어
침묵만 낭떠러지 끝에 매달리고
고독의 턱에 기대어 눈을 감네.

그 밤에

초승달이 깊은 밤을 넘어
엷은 새벽에 숨을 죽인다
애정의 밤을 지나
외로움에 숨결을 멈추고
그리움에 지쳐 잠든다.

보고픈 얼굴이
버들가지처럼 흔들려도
계절은 아랑곳없이
옷을 곱게 갈아입어도
변함없는 마음은
그때 그 자리 그대로.

그 밤에 배척(排斥)의 철조망이 끊어진다.

인생

삶의 씨앗은 사랑이다.

사랑이 고이 심어져
넷 발로 기어 다니고
두 발로 서고
세 발로 구부리며
우주로 들어간다.

그 속으로.

역시 시인이구나

쏟아지는 시상(時相)
멈출 줄 모르는 펜촉
너는 역시 시인이구나.

기품 어린 얼굴에
품위가 흐르고
떨어지는 글귀마다
펜대의 몸부림친다.

고혹한 눈빛 속에
갈망하던 내면이 피어나
역시 너는 시인이구나.

하늘을 하늘이라 부르지 않고
땅을 땅이라 부르지 않고
바다를 바다라 부르지 않고
그 속에 잠긴 시어(詩語)를 찾는 너,

하늘의 길을 열고
땅의 숲길을 거닐며
바다의 물결을 그리는 너
역시 너는 시인이구나

고요히 흐르는 글귀를 엮어
한 편의 시로 잉태하는구나.

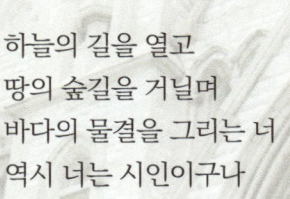

황사 입은 크리스마스

사하라 사막에서 몰아친 모래알
창공에 나빌 레라
하마탄이 뿌린 먼지 장막에
숨을 삭이는 순간
빛 따라오신 아기 예수님
사랑이 담긴 날
구원이 담긴 날
안식이 담긴 날
보라 내가 새 일을 행하리라
크고 놀라운 새 생명의 역사가
대서양 바다를 넘는다

은혜 위에 은혜
축복 속에 축복
복락의 강줄기가 출렁인다
사랑 속에 환희의 예배
검은 눈망울에 순종이 흐르고
꿈과 희망이 물결친다
구원자 탄생으로
두 손 모은 기도와
혈관까지 드리는 경배를.

벗어나고파

광활한 바다에
홀로 조각배에 담긴 나
거센 폭풍이 몰아치고
내리치는 천둥에 움칫한다
칼날인 번개에 베여
솟아오른 파도가
나를 힘껏 움켜진다

삼킴 속에 고요가 그리워
덜 핀 아침이 그리워
빛바랜 오후가 그리워
붉은 석양이 그리워
검은 밤의 평화가 그리워
성난 파도에게 하얀 손수건을 던지고
가여운 물빛으로 애원한다.

미혹

어린 영혼이
매혹적인 눈빛에
나락에 떨어진다
그 황홀한 유혹에 안겨
붉은 손이 환호성을 지른다

어미 기도의 손이
구원을 부른다

웅장한 궁전이 한 자락처럼
맛난 잔칫상이 한 찌꺼기처럼
요셉의 옷처럼 떨어진다
주의 옷자락을 두르고
금 항아리에 기도를
차곡차곡 쌓는다.

불안

답답함이 허리케인처럼 밀려와
숨조차 쉴 수가 없다
모든 일에 무기력해지고
온몸에 가시 바늘이 꽂힌다

천장에는 무거운 넷 팔이
지구를 수천 번 돌며
칙칙 소리를 우렁차게 질러 댄다

암흑은 신경 줄을 끌어당겨
심장을 끙끙 앓게 한다

왜 이리 어둠의 장막이며
날카로운 고양이 손톱처럼 불안할까
원안(原案)에서 비틀어지니
불을 지르고 또 기름을 붓는다.

시련(試鍊)

한숨
한숨
긴 한숨
고개가 땅에 떨어지고
두 손으로 얼굴을 파묻는다
가시에 온몸이 피가 튕기고
먹구름이 온 마음을 꽁꽁 휘감는다
어찌 이런 일이
한순간의 방심이
한순간의 판단이
힘겹게 넘어온 산봉우리가 뒷걸음질

찾은 자는 전능하신 하나님
두 손 모은 손
두 다리 무릎 꿇은 발
기도를 담은 영혼이
하늘에 애통(哀痛)함을 올린다.

심연의 고통

시곗바늘은 1시 27분
두통이 산사태처럼 몰려와
알약으로 막으려고 하나
고통의 한줄기도 막지 못한다
아픔의 벽이 터져 나와
별빛에 호소하며
흑암의 비탈길에서 갈팡질팡 허우적거린다

아픔이 심연에 갇혀
옴싹달싹 못해
썰물처럼 흘려보내려고
하늘을 보며 간절히 두 손을 모으나
팔에 낀 턱이 축 처져
고통도 쭉쭉 늘어진다.

코로나19

맑은 웃음이 가득한 거리에
우한 바람이 휘몰아치니
웅크린 어깨가 흔들리고
마스크에 덜덜덜 떨고 있다

죽음의 밑동인 코로나19
대구를 삼키고
한반도를 휘감으니
평화로운 일상이 무너지고
좁은 공간에 감금된다

발열 기침에 떨어진 가슴
생명을 토하고
활기찬 대구가
텅 빈 거리로 내몰리며
생명의 줄기를 마구 자른다.
국가적 위기에 몰려
확진 6,088명 사망 41명
저세상에서 눈뜨게 한다.

자국민 보호 아래
96개국이 빗장을 닫고
성장의 발을 묶어 버린다.
발원지는 늑대처럼 짖어 대고
점령지는 개미 울음도 죽이며
헐레벌떡 둑을 막는다.

찬란한 눈물

꿈꾸는 열정 속에
가득한 조화는 돌무덤에 묻고
얼굴을 때린다
물로 머리를 씻어도
육은 그대로
잠들수록 피는 꿈
먹을수록 목이 아프다
한목소리로 합창해도
스며든 슬픔은
고음에 숨을 더 죽인다
미소 띤 얼굴에
병든 닭처럼 실룩거리며
울고 싶은 얼굴이
계속 웃는다.

님은 어디에

스산한 메아리
동굴에 묶여 있다
화사한 봄빛에
푸른 잎들도 고개를 든다

두꺼비는 더 크게 눈을 굴리며
허리에 힘을 쏟는다
등줄기에 붉은 횃불은
담쟁이처럼 달라붙어 있다

흐르는 물줄기 타고
왕 노릇 막을 수가 없다
물줄기를 막을
건강한 둑을 만들자

그 설계자는
어디에 있는지

남산에 오르고
한라산에 오른다
보이는 것은
새싹 핀 나무들뿐이다.

| 단평 |

한 떨기 매화

- 최성열 시인, 문학평론가, 작가

눈 속에 핀 한 떨기 매화
고독감에
외로움에
눈물이 고드름 되어
매화 끝에 매달려 있다

차가운 눈빛에 갇혀
더 처연해
울음을 터뜨린 한 떨기 매화
그 붉디붉은 피로 물들어
노을에 잠긴다

하얀 이불 삼아
마음을 토닥이지만
그 냉랑함이
도저히 따스한 봄빛을 감당 못해
깊게 파인 검은 밤에

매화는 석양을 토해낸다.
- 한 떨기 매화(전문)

청초한 고운매로 자태를 뽐내는 너 매화! 그냥 바라보아서 좋구먼! 붉은 물든 석양이 어쩌면 시기 땜에 자신의 색깔을 잃어버리고 말았다. 갈 길 몰라 마냥 헤매는 저녁 시간은 누구를 위한 향연인가! 화자는 자신이 매화와 하나가 된 것을 알게 된다. 순백의 미는 어디로 갔는가! 매화가 이를 대변하니 작가는 매화 찬양을 통해서 세상에서 세계를 통찰하고 있다. 이 무슨 말이냐면 직관적 세상관이 아니라 인간의 내면에서 우러나오는 세계관을 표적한 것이다. 작가는 화자와 한 떨기 매화를 사소하게 바라보지 않는다. 매화 하나가 그저 한 송이 꽃으로 피고 지고 것을 아쉬움을 뒤로하지 않고 희망으로 승화시킨다.

세상의 모든 삶은 아름다운 일들로 가득 차 있다. 다만 인간의 조그만 시기들이 매화가 힘들어하는 모습 속에 들어 있다. 화자는 이에서 탈출을 시도한다. 순백의 미와 선홍빛 가르는 숭고의 미는 바로 인간이 세상에 주는 사랑의 마음이다. 화자는 이를 세상과 인간에게 주지하고자 했다. 바로 1연에 '눈 속에 핀 할 떨기 매화'가 그 뜻이다. 겨울 눈이 시사하는 바는 깨끗함이 있다. 그 내용은 차가움이다. 세상은 눈처럼 냉철하고 순백하며 동시에 내적 온화

함이 있어야 한다. 화자는 그것을 눈물로 표현했다. 역설적이기도 그 안에 소망을 암시한다.

2연에 매화는 간절한 소망이 하나 있다. 태동하는 생명을 통해 자신이 하고 픈 말에 몸부림으로 묘사한다. 소망을 캐낸 매화는 이제 노을을 의지하며 편안함을 추적한다. 3연에 다시 마음을 다잡지만 냉랭함이 감도는 이유는 무엇일까! 작가의 의도는 화자에게 그 연유를 조작할 것을 일임한다. 화자는 이에 따라 따스한 봄빛에 매화 자신을 스스로 내맡긴다. 이치와 순리를 따라 자신의 갈 길을 가고자 했다. 이에 매화는 일을 마치고 검은 밤, 즉 겨울 끄트머리에서 봄 기운에게 바톤을 넘겨준다.

'한 떨기 매화'는 유정미 시인의 사색 깊은 관조와 직관적 세계관을 들여다볼 수 있는 의미 있는 시다. 한 송이 매화는 사소한 사태이다. 하지만 시인은 우주와 맞물려 계절과 인간 내면의 숭고함까지 덧붙이는 기교를 마련했다. 절체절명의 위기에 내몰린 매화 하나는 그저 없어질 것이 아니다. 시인은 이를 오히려 다음 세대에 양보와 미덕을 마련케 했다. 자신의 자리가 고독하여도 세상의 이치에 자신을 내맡겼던 이유는 다음과 같다. 인간은 외로울지언정 소망을 바라는 또 하나의 희망을 캘 수 있음을 시사한다.

| 단평 |

임은 어디에

- 정성수 시인, 교수, 문학 평론가, 작가

스산한 메아리
동굴에 묶여 있다
화사한 햇살에
연푸른 잎들도 고개를 든다

두꺼비는 더 크게 눈을 굴리며
허리에 힘을 쏟는다
등줄기에 붉은 횃불은
담쟁이처럼 달라붙어 있다

흐르는 물줄기 타고
왕 노릇 막을 수가 없다
물줄기를 막을
건강한 둑을 만들자

그 설계자는
어디에 있는지

남산에 오르고
한라산에 오르나
보이는 것은
새싹 핀 나무들뿐이다.
- 임은 어디에(전문)

  시는 '임은 어디에'라는 제목으로 쓰였다. 시인은 동굴에 묶여 있는 자신의 삶을 비유적으로 표현한다. 화사한 햇살과 연푸른 잎들을 보면서 자유롭고 행복한 삶을 갈망하지만, 두꺼비와 담쟁이처럼 자신을 구속하는 것들에게서 벗어날 수 없다는 사실에 절망한다.
  또한 물줄기를 막을 수 있는 건강한 둑을 만들고 싶지만, 그 설계자는 어디에 있는지 불투명함을 인식한다. 시인은 남산과 한라산에 오르면서 새싹 핀 나무들을 보면서, 자신의 삶을 뒤돌아본다.
  시는 시인의 절망적이고 애절한 심정을 잘 드러내고 있다. 뿐만 아니라 자신의 삶을 동굴에 묶여 있는 것으로 비유하면서, 자신의 삶에 대한 진실적 태도를 보여준다. 자신의 삶에 대해 변화를 바라면서, 그것을 실현할 수 있는 방법을 찾아 나선다. 시인은 자신의 삶과 관련 있는 것들에게 관심을 보이고, 자신의 삶에 대해 성찰의 기회를 엿보기도 한다.

이 시는 비유와 상징을 통해 시인의 삶에 대한 감정을 풍부하게 표현하고 있다. 동굴, 두꺼비, 담쟁이, 물줄기, 둑, 설계자, 나무 등은 모두 시인의 삶에 대한 비유적인 요소들로 비유와 상징은 시인의 삶에 대한 갈등과 고통을 잘 나타내고 있다. 결국 시인의 삶에 대한 깊은 성찰과 사색을 담고 있으며, 독자들에게도 자신의 삶에 대해 깊은 생각에 잠기게 만든다.

| 단평 |

죽음, 새로운 품에서

- 김선동 시인, (전) KBS 아나운서, 교수, 칼럼니스트

검은 그림자가 문을 두드릴 때
조용히 눈을 감으리

시간의 모래가 손가락 사이로 스며들어
마지막 인사를 속삭일 때까지

차가운 별빛이 내 이마를 스칠 때
미소 띄우며 떠나리

낡은 발자취는 문 뒤에 남겨두고
가벼운 발걸음으로 천성을 향해
어둠은 끝이 아니리

씨앗이 흙 속에서 깨어나듯
죽음은 또 다른 시작
한없이 고요한 곳에서.
　　　　　　　　- 죽음, 새로운 품에서(전문)

이 시(詩)는 대한시문학협회를 위해 일을 함께한 신동일 회장님의 죽음을 구구절절하게 표현함으로써 읽는 이로 하여금 슬픔과 아쉬움을 한없이 자아내게 한다.

　'검은 그림자가 문을 두드릴 때 조용히 눈을 감으리'라며 저승사자의 부름으로 망자가 조용히 눈을 감으며 죽음이 다가왔음을 예지(豫知)하고,

　'시간의 모래가 손가락 사이로 스며들어 마지막 인사를 속삭일 때까지' 시간이 흘러 마지막 인사로 망자에게 말할 때까지 '차가운 별빛이 내 이마를 스칠 때 미소 띄우며 떠나리' 비록 차디찬 별세 소식이 내 마음을 스칠 때 울음이 아니라 잔잔한 미소(微笑)를 띄우며 보내드리리라고 시인은 다짐한다.

　이 시는 끝이 아니라 고요한 곳에서의 또 다른 시작임을 얘기한다. 비록 마음은 슬프지만 망자(亡者)가 천성에서 어둠의 끝이 아니라 새로운 밝음의 세상으로의 여행이 되기를 바라는 마음을 간절한 시어(詩語)를 통해 표현한 시인의 붓끝은 눈물로 점철된다.

　시인은 '낡은 발자취는 문 뒤에 남겨두고 가벼운 발걸음으로 천성을 향해 어둠은 끝이 아니리'라며 망자가 남긴 자취와 흔적은 이승에 남겨두고 천국을 향해 가는 발걸음은 결코 어둠이 아니기에.

'씨앗이 흙 속에서 깨어나듯/죽음은 또 다른 시작'이라고 강한 희망을 표현하며 '한없이 고요한 곳에서' 숨죽여 가며 애절하게 망자의 죽음을 슬퍼한다.

  시는 읽는 이를 슬픔의 나락으로 끌어들이는 묘(妙)한 매력을 내재(內在)한다. 독자들로 하여금 망자의 죽음을 슬픔을 느끼게 하면서도 동시에 희망(希望)을 공감(共感)할 수 있도록 교묘하게 표현하는 유정미 시인의 표현능력이 탁월하게 돋보이는 시(詩)다. 다시 한번 망자의 별세(別世)를 슬퍼하며 고인(故人)이 천국(天國)에서 영면(永眠)하시길 빈다.

| 축하의 글 |

- 추원호
창암이삼만선양회 이사장, 대한시문학협회 부회장,
시인, 칼럼니스트, 작가

사랑하는 유정미 이사장님.

오늘 이 특별한 날에 함께할 수 있어 무한한 기쁨을 느낍니다. 2017년 대한시문학협회를 창립하신 이후, 이사장님께서는 우리 시인들에게 힘과 영감을 주시는 귀한 존재가 되어 주셨습니다. 이사장님의 끊임없는 열정과 헌신 덕분에, 우리는 서로의 꿈을 나누고, 시의 세계에서 함께 성장할 수 있는 소중한 기회를 가질 수 있었습니다.

이사장님은 아프리카 가나에서 선교사로서, 교육자로서의 삶을 살며, 그곳의 문화와 사람들을 이해하고 소통하는데 많은 노력을 기울이셨습니다. 또한, 언론사의 기자, 논설위원으로서 진실을 담아내며, 사회의 목소리를 전하는 중요한 역할을 해오셨습니다. 이러한 다양한 경험들은 이사장님의 시에 깊은 울림을 주고, 독자들에게 감동을 선사하는 원천이 될 것입니다.

이번 시집은 이사장님이 지닌 풍부한 감정과 경험을 바탕으로 한 또 하나의 걸작이자, 삶의 여정과 내면의 갈등을 드러내는 특별한 기록입니다. 각 페이지마다 이사장님이 느끼고 생각한 것들이 고스란히 담겨 있을 것이며, 독자들은 그 속에서 이사장님의 진솔한 마음을 느낄 수 있을 것입니다.

이 시집이 세상에 나가 많은 이들에게 사랑받고, 그들의 마음속에 깊은 감동을 남기기를 진심으로 기원합니다. 이사장님의 글이 사람들에게 위로가 되고, 힘이 되기를 바라며, 앞으로도 대한시문학협회가 더욱 발전할 수 있도록 함께 나아가길 희망합니다.

이사장님의 새로운 출발을 진심으로 축하하며, 앞으로도 이사장님과 함께할 수 있는 기회를 소중히 여기겠습니다. 언제나 응원하겠습니다.

| 축 시 |

- 모산 김진태 시인, 사진작가

고요한 호숫가에
외로운 나무꾼의 옛 얘기처럼

어느 날 갑자기 수면에
희미한 물안개 속에 떠오는
선녀와 나무꾼의 만남에서

선녀와 나무꾼은
하늘이 맺어준 오누이 사이에
대한시문학협회가 탄생되었다

유정의 미로 정담아 피는 꽃
여름의 여왕, 모란꽃 피울 때
나무꾼 하나의 나비가 되어

그 어느 날 외로움 달래려
탑골공원 담 넘어 단풍으로
오색빛깔 곱게 물 드릴 무렵
옛이야기처럼 더듬어

노을 지는 석양빛에 물들어
나무꾼과 선녀는 혼불 담아
로켓탄처럼 떠오르리라
내가 아는 유 정 미

유: 있어유
정: 정이 있고
미: 아름다운 미가 있어유

유정미 시인

- 박덕은 시인, 국문학 교수, 문학평론가, 작가

따스한 마음의 신전,
그 울컥에는
감동의 호수가 있었다

파노라마 끝에서부터
휘몰려 온
바람의 의미

진작부터
아픔과 적막과 어둠 찢고 나온
비우기를 배워
담금질을 시작했다

봄날의 감정으로
나무의 속살 앉히는 나이테처럼
새기고 새긴 봉사의 향기

여명과 노을이
손잡고 받들어

무지개 피워 올렸다

발설할 수 없는 말들이 자라는
고즈넉한 길도
기도의 숨결로 다지고 나아가

방향과 생각의 뼈대가 올곧은
오솔길 걸어 걸어
향긋한 동산에 이르렀다

거기서 만난 문학의 일렁임
다정한 초록으로 영역을 확장하는
시심의 들녘에 펼쳐

광개토대왕의 진군처럼
둥글고 환한 한 채의 꿈,
그 웅장한 깃발들 앞세우고
팡파레 울리며

가슴의 전율들
영혼의 팔로 끌어모아
하늘 높이 퍼올리고 있다.

코스모스 여인

- 恩松 전위영 시인, 작가

코스모스가 가을을 장식하고
맑고 푸른 하늘 밑에서
가을을 만끽하는 여인은
코스모스보다 한층 더 아름답다

꽃도 여인도 신이 만드신 피조물
아름다운 여인을 보니
에덴동산의 아담과 하와가 생각난다.

저 아름답고 멋있는 모습 늙지 않고
그대로 영원히 서 있다면 참 좋겠다.
꽃도 시요 아름답게 서 있는 교수님도 시요
꽃 중에 꽃이로다.

하얀 미소

- 시(詩). 우암(愚巖). 허기원 시인, 작가

하얀 눈꽃
송이 송이 어여뻐라

땅끝 마을에 흑진주
새싹들의 미소를 안겨준

은결이여
어여쁜 비단결이여

흑진주 새싹들의 나라에도
흰 박꽃 닮은 하얀 눈이 올까

유정미 교수님은
동방의 나라
대한민국의 거룩한 천사였으니.

하얀 천사

- 碧空/월 김선동 시인, 칼럼니스트

아프리카 가나에는 천사가 있다
하얀 날개를 단 곱디고운 천사다

너무나 화사하고
눈이 부셔 보이질 않는다.

하얀 천사의
보드라운 손만 보인다

천사가 어루만지기만 해도
가나 사람들은 감동한다

천사가 보드라운 손길로
쓰다듬기만 해도 그들은 좋아한다

천사의 섬김에 그들의
눈이 영롱하게 빛난다

천사의 봉사에 그들

피부에 윤기가 난다

천사는 따사로운
마음만 보인다

천사가 마음만 주어도
가나 사람들은 감화를 받는다

기도를 할 때마다 그들은
하나님과 대화한다

하얀 천사가 날갯짓을 할 때마다
그들도 따라서 날갯짓을 한다

그들은 천사를 닮아 착하고
아름답고 정이 넘친다.

가나 사람들에겐 오로지
보드랍고 따사로운
하얀 천사만 보인다.

하얀 천사!
그대는 하늘에서 보낸
진정한 천사다.

그대 하얀 천사의 이름은
아름답고 성스러운
한국인 유정미.

은결 유정미 시인 프로필
(교수, 작가, 기자, 논설위원, 문학평론가, 작사가)

■ 경력 _ KBS1TV 리포터
- 월간 첨성대 편집장 및 구굿닷컴 기자
- 미국 뉴저지 카리스그래픽 회사 근무, 미국 GMAN 방송국 특파원 & 기자
- 가나한인학교 교무과장, 중학교 국어 교사
- 가나신학대학교(T.B.C.G) 부학장, 교수
- 대한시문학협회 이사장, 대한시문학 및 시인마을 발행인
- 지져스미션총회(100) 이사장
- 테치만기술전문대학 & J.M.C 초·중학교(10) 이사장
- 국립 노스웨스트사마르대학교 학장예우 & 교육학 교수
- 세계선교연대포럼 이사, 국제선교신문 이사 & 편집위원 & 주기자
- 새한일보 문화예술운영이사 & 칼럼니스트 & 기자
- SBT시민방송 문화예술기획이사
- 서울글로벌통일 로타리클럽 초대회장
- UN NGO문학상 심사위원, 세종대왕문학상 심사위원, 모산문학상 심사위원, 박덕은문학상 심사위원, 새한일보 심사위원 외 다수
- 문학신문 자문위원, 한국노벨재단 이사
- 한국문화예술연예인총협회 자문위원
- 국가발전연구원 운영위원
- 글로벌지도자아카데미 부이사장
- 세계메타버스AI연맹 부총재

■ 수상 분야

- 삼성, 일간스포츠 수필 부문 수상
- 시전문지 《시인마을》 문학상 수상
- 계간 《현대시선》 신인문학상 수상
- 창작예술인협회 좋은문학 문화예술창작부문 작가 최우수상
- 계간 《별빛문학》 낭만시인상 수상
- 미국 코리일보 '시인의 나라' 최우수상 수상
- 국민행복여울문학상 '겨울눈꽃' 대상 수상
- 제24회 황금펜 문학상 수상
- 지구고유성보전국토환경살리기 "대동강" 시화문학상 수상
- 국군의 날 대한민국 육군 제6군단장 감사패 외 수상
- 예수교대한성결교회총회 공로패 수상
- 세계선교연대 제1회 선교대상
- (재)가나한인회장 공로패 2번 수상
- 2017 자랑스러운 대한민국 시민대상 수상
- 2017 한국을 빛낸 대한민국 충·효대상 수상
  - 글로벌 시, 문화발전혁신공로상 수상
- 제78회 순국선열의 날 범국민추모대회 표창장
- 2018 대한민국기자협회 자랑스러운 한국인 대상 〈문화발전 공로상〉
- 2020 서울대학교총장 감사패, 서울대 명예의 전당 등재
- 2020 새한일보 대한민국을 빛낸 자랑스런 인물대상 〈문화예술 발전대상〉
- 2021 자랑스러운 대한민국시민대상 〈시문학발전 공헌대상〉
- 2021 한국을 빛낸 자랑스러운 한국인대상
  - 시문학교육발전 최우수 공로대상

- 2022 한국문학인대사전 등재
- 2022 대기협, 언론인연합협의회 대한민국 대상 – 교육지도자 대상
- 2022 서울특별시의회 의장상
- 2022 세계환경문학상 최우수상
- 2022 여울 시화대전 대상 수상
- 2022 제16회 향촌문학 대상 수상
- 2023 내외매일신문사 문학상 대상
- 2023 대한민국 칭찬 대상 – 문학부문
- 2023 무궁화 훈장 대상
- 2023 울산광역매일신문 – 전국시 공모 문학대상
- 2024 새한일보 사회문화 칼럼니스트 감사장
- 2024 삼일절 진달래문학대상
- 2025 낙동강 문학상 시 훈장 외 다수

■ 저서: 『마중물』, 『그대 그림자에 그리움을 새기고』 등 공저 59권
■ 작시: 그리움, 구겨진 인생들, 인생, 그대가 그리움, 비갠 새벽길 외 다수
■ 전시회: 인사동 신상갤러리, 서울지하철역, 황간역, 군청, 육군교육사령부, 자위대, 을지로4가 아뜨리애갤러리, 파리 에펠탑 전시, 서울시 시민청 갤러리 등
■ 소속: 한글학회, 대한시문학협회, 한국문인협회, 한국예술복지재단, 수원문인협회

은빛 매화 결따라 흐르다

지은이 | 유정미
발행인 | 노우혁
펴낸곳 | 앤바이올렛 / 대한시문학협회
펴낸이 | 정현덕

이사장 | 유정미
회　장 | 장달식
초판 인쇄 | 2025년 5월 3일
초판 발행 | 2025년 5월 10일
등　록 | 2021년 9월 29일, 제 2021-30호
주　소 | 02046 서울특별시 중랑구 동일로144가길 25-18(중화동)
전　화 | (편집) 02-491-9596
e-mail | powerbrush88@naver.com
ISBN 979-11-992401-2-4
ⓒ 2025, 유정미

* 책값은 뒤표지에 있습니다.
* 잘못 만들어진 책은 구입하신 서점에서 교환해 드립니다.